土屋 守＝著

荒れる子どもの心

しつけ・教育への提言

大修館書店

はじめに

文部科学省を中心とした教育界が、「心の教育」に力を入れ始めたのは、一九九七年に起きた神戸市須磨区の連続児童殺傷事件、奈良県月ヶ瀬村での少女殺害事件、福岡県春日市の少女殺害事件など、少年たちの『心の荒れ』に対応するためであったことは明らかである。

おりしも、一九九九年四月にアメリカ、コロラド州の高校では自校生の銃の乱射によって高校生十三人が殺され、加害者二人が自殺する事件が起き、アメリカの大統領は「全米の多くの高校は正常であり、今回のような異常な事態はまれだ」と述べ、アメリカ社会を沈静させるのにやっきになった。これは為政者特有の欺瞞である。「全米の多くの学校の底辺に今回の惨事の『根』がある」ことは、この直後の報道でも事件とはならなかったが同じような状況にあった学校が全米各地であったし、ここ数年、アメリカで繰り返し起きた「銃による少年たちの殺人事件」を振り返ってみれば一目瞭然であり、なによりもアメリカの社会の多くが銃によって成り立っていることは周知の事実である。

同年四月二三日のA新聞は、リトルトン（米コロラド州）発として「特殊じゃない。だれにも起こる」と題した記事で「あの二人が特殊だったんじゃない。だれにでも起こることだよ」という同級生二人の談話を掲載している。

また、続いて同紙は「高校の銃乱射事件はなぜ起きたのか。…日常生活を一瞬のうちに狂気の世界に変えてしまう不気味さと不安は、二人の特異性だけでは片付きそうにない」と報じている。

日本では銃は容易に入手できないため、銃ではなく、象徴的に表現すれば「薬（覚醒剤）とナイフの子ども社会」になっていると言える。一九九七年に起きた神戸市須磨区の連続児童殺傷事件の場合も、無意識にせよ、アメリカの大統領の「全米の多くの高校は正常であり、今回のような異常な事態はまれだ」という言葉と同じことで、行為障害とか性的サディズムなどという、私たち精神科医でさえ納得できない言葉で「日本の多くの少年は正常であり、今回のような異常な事態はまれだ」とばかりに早々に医療少年院送致にされた。

ここで、インフルエンザという病気について考てみよう。まず、多くの保菌者がおり、そのうち一定数の発症があるのと同じことで、アメリカの高校生の銃の乱射でも、神戸市須磨区の連続児童殺傷事件の場合でも、それぞれの国の「少年たち一般」の心にその『根』があり、そのうちの一定の子どもたちが事件を起こす。

もう、そろそろ「うちの子に限って」「うちの学校に限って」という根拠のない思い込みから脱出しないと、この国は救われない。

今まで少年たちと書いてきたが、最近、ここのカウンセリングルームでの診療実践で痛感するのは、本来、子どもたちの手本になるべき大人の「姿勢の崩れ（無責任さ）」である。たとえば、不登校などの訴えでカウンセリングルームに座る年若い親を、その隣にいる実の子どもが見る目付きが敵意に満ちている。別の事例では、こちらが学校に戻そうと知恵をしぼっているのに、その子は「誰れのことかいな」とばかり、ポケットの手を突っ込んでおり、診療を開始する時にあいさつもしないような事例が激増している。

これは、学校へ行く行かない以前の「人間として」の「家庭の『しつけ』」に問題があると痛感する。こんな現象もあり、知人の大修館の山川雅弘氏のご助言によって、この問題以下、少年の心理や行動、そのゆえに起きたさまざまな問題を扱う書をなんらかの形にし、まずは学校よりも家庭に、それも幼児からの家庭のしつけに力点を置き、以下この国の学校、地域、大人との関係を説き明かそうと試みた。といっても、日本のような高学歴社会で子どもの問題を学校と家庭に峻別すること自体に無理があるが、心して家庭に力点を置くことにして書き進め、家庭の大人の「姿勢の崩れ（無理解に基づく無責任さ）」にも言及した。

家庭の「心の教育」やしつけが、その子どものその後の生育に及ぼす影響は、千差万別であるが、一定の法則を、起きた事実に基づいて可能な限り明らかにした。

さて、前に述べたように、文部科学省を中心とした教育界が「心の教育」に力を入れ始めたのは、一九九七年に子どもが起こした神戸市などに代表される一連の事件の少年たちの『心の荒れ』に対応するためであったことは、次の二つのことでも証明できる。

一九九七年八月二九日(金)のK新聞は「文部科学省の概算要求「心の教育」を拡充、二・五倍、六〇億円計上」として次の記事を掲載した。「文部科学省は二八日、一九九八年度予算の概算要求をまとめた。…登校拒否(不登校)やいじめの急増、多発する少年事件などに対応するため「心の教育」が柱で、関連施設費に本年度比で二・五倍の計六〇億三六〇〇万円を計上した。

心の教育は家庭教育、地域社会、学校教育が一体となって豊かな人間性を育成し、道徳教育の拡充を目指す。主な事業は、子どもたちがボランティア活動の体験を発表し合う「ハートフル子どもフォーラム」や、キャンプなど野外体験学習をさせる「子ども遊悠(ゆうゆう)プラン」など、いずれも自然や地域社会との触れ合いなどの機会を増やす施設が目立つ。

スクールカウンセラー配置校も、現行の一〇〇〇校から一五三〇校に拡充し、三三億二九〇〇万円を盛り込んだ。…」

さて、文部科学省、熊本県、熊本市などが主催した平成一〇年度全国健康教育研究協議会「心の健康をはぐくむこれからの教育を考える」のフォーラムにおける文部科学省のメンタルヘルス審議官（現在、女子栄養大学教授）三木とみ子氏の司会の言葉の一部を紹介しよう（内容はその趣旨をそこなわないように省略した）。

三木とみ子氏：

フォーラムに当たりまして、私のほうから本テーマ、設定の主旨、これからのフォーラムの進め方についてを話をさせていただきたいと存じます。…今、教育の現代的な課題がたくさんあります。…不登校はついに一〇万人を越えました。そして、第二期の校内暴力が過去最高になっております。そして自殺もあります。覚醒剤をはじめ、性の逸脱行為で補導された少年少女もおります。

記憶に新しい「ナイフによる殺傷事件」など、次から次へとさまざまな心の健康に関する課題があります。これらの課題について、保健体育審議会答申においてはこのような指摘をしております。「このような課題の多くは、自分の存在に価値や自信をもてないなど、心の健康の問題と深く関わっている」と。そして、ご承知のように、中央教育審議会答申においては、第一次答申で、「夜眠れない」「疲れやすい」「食欲がない」「なんとなく大声を出したい」「なんでもないのにイライラする」のようなストレスを持った子どもが多くいるということを指摘しております。

そして、「心の教育を」という観点からの中央教育審議会の答申が、平成一〇年六月三〇日に示されました。新聞等におきましては、スローガンのように当たり前のことを指摘しているということでございますが、当たり前のことが、当たり前のようにきちんとするということもひとつの課題なのではないでしょうか。…本日、シンポジストにそれぞれの立場からこの問題についてご提言をいただくことになっております。

土屋先生からは、高校の先生だったという経験をベースに、精神科医としてあちらこちらの現場に先生方とふれあいながら、ご専門の立場から今考えていらっしゃることについてお話していただく訳です。

フォーラムで、私は提案者として「子どもの発達課題と心の健康」という話をした。

さて、私の主宰するカウンセリングルームや各種講演会、各種メディアの取材を通じてみていると、今、この国は、人と人との関係が薄れ、物の氾濫に溺れた「老いた愚かな大国になっていきつつある」ことを憂えずにはいられない。はっきり未来予想できるのは、超高齢化・少子化社会の到来だけである。

この現象によって、たとえば、不登校者が上級学校へ進学を望む場合、少子化によって近い将来、上級学校へ進学を希望する子どもの数より上級学校への受け入れ枠のほうが拡くなり、上級学校への進学が容易になることが確実であり、高校、大学などの側でも、進学者を確保するために大幅な改革をせまられるという、わが国ではいまだ経験したことのない事態になりつつある。超高齢化・少子化社会の到来という二つの困難な現象を乗り越える努力の中に、この国の再生が望めそうだという展望は、楽観的すぎるように思えてならない。

この二つの困難を乗り越えるためには、国の支え手となる子どもたちの「心の教育」こそ、その欠かせない武器になるはずである。

しかし、現状は、とくに人格形成が抜け落ちた教育が問い直されている。元文部科学省の三木氏の発言にもあるように、最近、受験勉強の能率をあげようと覚醒剤を使用する受験生が出てきたことも、昔から毎春ある「受験失敗を苦に自殺」という悲劇とともに精神科医としては見過ごせない。

今の教育がかかえる不登校などの諸問題は、いわば「底なし」であり、掘っていけばいくほど、「底なし」であることを身にしみて知らされ、一言でいえば、まさしく現代日本という社会が抱えこみ、苦しんでいるさまざまな困難な問題の「子どもへの鋭い反映」であると言えよう。

この書の執筆にあたって、文部科学省の三木氏、筑波大学元副学長、森昭三先生から最近の教護教育の動きや大学生の実態を教えていただき、神経小児科の見地から熊本大学医学部、小児発達学教室教授、三池輝久先生、同教室、友田明美先生が、著書「学校過労死」のなかで「不登校は病気ではない」という従来の『常識』に疑義を唱えられ、私は精神科医の立場から、熊本大学での診療、検査によって証明されたこの主張に学ぶことが多く、本書でも紹介させていただいた。

医学的実践に新しい所見が出てくれば、不登校の所見もそれを取り入れる。所見や医学的実践が進歩すれば、おのずから教育がかかえる不登校などの諸問題の対処も違ったものにならざるをえないというのが「人間学」の宿命である。

また、全国の地方紙に『カウンセリングルームから』の連載の機会を提供してくださった、共同通信の伊佐浩子記者とそれ以外の多くの方々のお世話になったことに感謝申し上げる。

先年、大修館で古い親友（先輩）である、森昭三先生と「心の教育」について対談し、その時にお世話いただいたのが、大修館の山川雅弘氏であり、森先生と私との対談の次回に、森昭三先生と文部科学省の三木氏がこの企画に出られたのが、その後、文部科学省、熊本県、熊本市など主催の平成一〇年度全国健康教育研究協議会に私が提言者として呼ばれた契機であったことからも、この書の出版の労をとっていただくのは大修館がふさわしいと思い、今回、森教授と山川氏にお願いしてみた。これからの「心の教育」がスローガン倒れになるのではなく、その肉付け（具体化）に寄与することを心から期待してやまない。

なお、現代のこの国が直面している苦悩、とくに心の教育の課題について、文部科学省が目指す「心の教育」がスローガン倒れにならないように、私の診療実践を基礎にして、私の関連した記事、報道のほか、私の杞憂を証明するために他のメディアの報道をも使って、なぜその報道を使ったかの理由も可能な限り述べてみた。

著者

荒れる子どもの心　しつけ・教育への提言

第一章

子どもの頃のしつけ

◆親の愛情

ここでは、まずは学校よりも家庭に力点を置くが「はじめに」でも述べたように「家庭での『心の教育』やしつけが、その子どものその後の生育に及ぼす影響は千差万別であるが、一定の法則を、起きた事実に基づいて可能な限り明らかにしたいと思う」ということは、この後のすべてに通用すると考えて読み進めていただきたい。

さて、家庭での心の教育の根幹（前提といってもいい）が成立するためには、わが子にあふれるような愛情（あやまった甘やかしでない）を持っているか？　ということが親に問われる。

最近、あやまった甘やかしが増え、わが子に対する真のあふれるような愛情がずいぶん減ったように思う。「心の教育」もその中にはいるのだが、およそ、子育ては「試行錯誤」の連続である。試行して誤っても、わが子にあふれるような愛情を持っている場合には誤りに気づく。親子の間に意見や行動についての相違があっても(あるのが当然だが)、わが子にあふれるような愛情を持っている場合には「折り合い」がつく。

親子の意見や行動についての相違がある場合に、我々はまず『感情』で次に『理論』で処理しようとする。

子どもの年齢からくる「自己中心性にはもう我慢がならない」と腹をたてる。「ここで毅然とした態度に出ることがわが子への教育であり、愛情である」と決意して実行に移しても、親になにか元気がでない。もともと内部矛盾は創造的ではないからだ。内部での闘争に勝利しても、その勝利は相手がわが子ゆえにまったくの喜びもなく、苦痛さえもともなう。

内部矛盾が創造的ではないからこそ、わが子にあふれるような愛情を持っているかどうかが決め手になる。親が腹をたてる「子どもの自己中心性」という指摘はたぶん正しい。毅然とした態度に出ることがわが子への教育であり、愛情であるという決意も『理論』としてはたぶん正しい。正しいはずなのに…である。ここで、わが子にあふれるような愛情を持っている場合には、我々愚かな人間が神と少し近づくのではないだろうか。

同時に、内部矛盾の中で「もがいて」みると、我々が持っているあふれるような愛情が、わが子に理解されるのは、わが子が自ら子を持ち、その子との内部矛盾の中で「もがいて」みるまで待つこと以外にないという諦念に到達する。わが子を持たないような場合は、類似の体験によることになる。

さて、幼児期、わが子にあふれるような愛情を持って子育てする場合、母親は幼児であるわが子に絶えず声かけをすることが必要である。「この頃、あんよが上手になって、ころばなくなったね」「○○ちゃんと上手に遊べるようになったじゃないの」「おしっこで、失敗しなくなって、お母さんうれしいよ」「そんなことをしては駄目!」……

このような褒めことばと、時に禁止のことばをかけることが幼児に、満足と母親に対する信頼を与えることを強調したい。とくに育児の際、お母さんが幼児であるわが子に絶えず声かけをすることが必要である。

また、不登校の親が「この子は昔から人嫌いで友だちと遊ぶのが苦手でした」とか「家でも外でも、自分を表現するのがへたでした」「外に出たがらない子でした」とか言われると「幼児期から今まで、これらの思わしくない傾向を放置してきたのか」と家庭での心の教育の根幹に首をかしげざるを得ない。

さて、ある日、続けて三組のクライエントが来談した。一組は母親と子、あとの二組は親は一緒ではなく子どもだけである。

第一事例は、最初は親子で、前々回は子どもの試験の都合で母親だけ、前回は親子、今回は親の都合で子どもだけとなって、親子それぞれの意見が相手のいないところ、いるところで双方で聞ける絶好の機会になった。

「お母さん、口喧しいの?」と水を向けてみた。前々回、母親だけの時に「このように、親子の言い合いばかりで暮らしていていいのだろうか?」と、母親はかなり深刻に訴えたからである。

「そうなんですよ、今日もこれやれ、あれやれと言われっぱなしで…」と口では言いながら「でも行動が遅い私も悪いんですけどね…」と彼女は笑う。

ここには、言動はどうあれ、親子双方の自己批判と、なによりも母親のわが子に対するあふれるような愛情と、それを受けとっている娘の確かな手応えが感じられてホッとする。

第二事例は、最初は両親で来談し、その後、前回までは母親だけだったが、今回子どもがはじめて来談した。診察を進めながら質問をしていく。

「だれのことを聞いてんの。学校へ行かせてみなよ…」と言わんばかりの冷たい返事と、母親を見る時のにらみつけるような目つきが気になる。そのうち、ある質問に答えた母親に対して「そんなこと言ったって…」とどなる。

母親は困ったようすで、ただオドオドするばかり。診察室の入室、退室に子どもは「こんにちは」も「さようなら」もない。こんな子どもが年を追って増えている。とくに、親が三〇歳前後で、子どもが小学校か中学校で不登校に陥っている場合などは、その是非は別にして親自身が子どもの頃に「心の教育・しつけ」を受けていない場合が多い。したがって、親が子どもに「心の教育・しつけ」をできようはずがない。

こんな事例がこれから激増すると思うと、大きな問題だ。

第二事例は、以上のような現象の「はしり」で、ここには子があふれるような愛情を受けとっている子どものようすはない。

第三事例は、子どもだけの来院の場合で、話を少し聞くと「当分学校へ行く自信がない」という返事。親には子どもの不安がわかっていないのかなと思って、さらに聞くと、子どもが「自分だけでいく」と主張したというのでやや安心した。母親とは理解しあえるという。

第一事例は親子がいくら言いあっていても安心だが、第二事例は親のありかたがどうあれ、子があふれるような愛情を受けとっているようすはなく、かなりの難航が予想されたが、いずれも親だけ特別に来談してもらって、「これは学校問題ではなく、道で知人にあったら『こんにちは』くらい言うのが当たり前でしょう?」と問題の本質を指摘した。

一人は、親がどううまく説明したのかわからないが、次回からは子どものようすが「がらり」と変わり、診察室の入室、退室に子どもは「こんにちは」も「さようなら」もキチンと言えるようになった。もう一人は、親は来談後しばらくして「子どもを説得する自信がありません。もう一度考え直してみます」と連絡してきたので、カウンセリング打切りとした。

もう一度考え直してみても、この親には思春期の子どもを説得することはできない。就学までの「心の教育・しつけ」が抜けたまま、ここまできてしまって、わが子のコントロールが効かないからだ。

ここでも、就学までの「心の教育・しつけ」がどんなに大切かが証明される。

◆「待つ」カウンセリング

　このように、それぞれの事例には、子どもの親の愛情の受けとりようによって歴然とした差があり、我々は一喜一憂するが、それも、それぞれの子が親の愛情を本当に理解するのは、その子が自らの子を持ち、その子との内部矛盾の中で「もがいて」みるまで待つこと以外にないということに気がつくと、その後の辛抱強いカウンセリングに対するこちらの「待ち」の構えに到達できる。この辛抱強い「待ち」の構えはカウンセリングを行う者だけに要求されるのではなく、なによりも子どもの親に要求される。我々が親に「一に辛抱、二にも辛抱」と、親に説得するのはこのような理由からだ。

　我々は、次のようなことにしばしば当面する。

「先生、『結局』はどうしたらいいんですか？」

「？」

　一瞬、私はお母さんの質問の意味を測りかねて戸惑った。

　今まで、このお母さんにはカウンセリングのたびごとに、今の若者の置かれた複雑な状態を何回も何回も説明してきた。

　そして「あなたの娘さんも、そのひとりなので、すぐ問題の解決に至りません。「一に辛抱、二に辛抱」で、親が「粘り勝ち」することが大切で、親があきらめたら我々専門家は援助できませんから」と説明し、日本では今、学校に関わる問題はどれも好転していないことなど、何回も言ってきた。そのあげく、突如、冒頭の「『結局』はどうしたらいいんでしょうか？」と言われたのである。第一、私は娘さんに会っていない。私は医師なので、クライエントに会っているかどうか、診断できるかできないか、そして診断を基礎にした「心と身体の処方箋」が作れるかどうかによって、まったく違う。だが、そう言うと、親が子どもを無理やり「だまして」つれてくる行動に出ることが多いので強くは言えない。

今、日本社会はかつて体験したことのないさまざまな困難に直面しているが、子どもや学校に関わる問題もその例外ではない。いや、子どもや学校に関わる問題は困難の最たるものだ。

就学までの「心の教育・しつけ」がされていても、子どもは未成熟であるがゆえに、日本社会の困難さを「モロ」に引き受けるのだ。

「先生、『結局』はどうしたらいいんでしょうか？」という問いは「今の日本経済を立て直すにはどうしたらいいんでしょうか」という問いと同じで、はっきり「こうしたらいい」と断言できる学者も政治家も官僚もいない。親には、子どもも社会や学校が行き詰まっているという実感は持ちにくい。自分の子どもとしか「付き合い」がないからだ。

たとえば、買物に行って、金銭の授受があれば、誰でも日本経済の不況が金銭という目に見える形で実感できる。しかし、我々が「子どもの学校や家庭や社会がたいへんなことになっていますよ」といくら警告しても、これらの状況は目に見えないから親がなかなか「我が事」として実感してくれない。目に見えないから親が「我が事」として実感してくれないところに精神科医の苦しみがある。

ときには親に、「自分の子どもの心が見えている」という錯覚があるからだ。子どもの心が見えているという錯覚や、子ども社会や学校が行き詰まっている実感をもてば、そこに危機感が生まれる。

我々専門家は、日々のカウンセリングで子どもの「心の処方箋」が作れない場合が急激に多くなっていることに実感を持っている。それを踏まえて、子ども社会や学校はいまや「倒産寸前」だと認識し、親にそう警告しているが、危機感を持ってもらえない。

第二次大戦の時、人材や資源の欠乏で兵器の生産のメドが立たなくなった日本は、圧倒的に優勢な連合軍に竹槍で立ち向かおうとした。今となっては、はっきりしていることだが、当時、政治や軍部の中枢にいた人々は「事態は絶望」という認識を持っていたが、何も知らされていない国民はそう認識できなかったがために竹槍で立ち向かおうとした。

現在生じている我々専門家と親との、子ども社会についての認識の相違は戦中、政治や軍部の中枢にいた専門家と、事実を知らされず、竹槍で立ち向かおうとした国民との認識の相違に似ている。

ただ現在と戦時中の事情には、ふたつの大きな違いがある。

第一は、敗戦という犠牲で手に入れた言論の自由によって、このように紙面を借りて専門家が事実を国民に知らせることが可能だということだ。

第二は、人間と人間とが戦う戦争と違って、自分や自分の子どもの心との「戦い」や「心の教育」では「一に辛抱、二に辛抱で、親が『粘り勝ち』する」こと、すなわち竹槍で立ち向かうことを専門家が勧めることだ。

社会病理は同じでも、子ども一人ひとりの個性や生育歴はみな異なるから、十把一絡げにロケット弾は使えない。丹念に「竹槍で立ち向かう」ことしかない。

我々がその戦術、戦略をアドバイスすることは可能だが、親がわが子の陥っている事実から目をそむけたら、我々には打つ手なしである。親が危機感を持ち、我々のアドバイスを正面から受けとることが、心の教育についての成否の鍵であることを強調したい。

子どもに長期間、あまり悩まされると「先生、最近、私、どうしても子どもが可愛いと思えなくなってきているんです。異常でしょうか？」とか「先生、あんな子どもなら死んでくれたほうがいいと思う時があるんです」と訴えるようになる。前の訴えは閉じこもりの子どものことで、親だけで二年余り熱心に来談を続けているお母さんが、突然言い出したことだ。このお母さんはいかにも穏やかな人柄なので、私もふいをつかれて「ドキッ」とした。

子どもの精神的な状態は、前回述べたようにイライラして「私をこのように育てた責任は親の育て方が悪い」とか「今のお母ちゃんの言葉が気に入らない」「そんなこと言うんなら、なぜ生んだんだ」となり、また、親が不用意なことばを言うと「あー傷ついた、傷ついた」となり、ほとほと困るという。

私は「お母さん、親だって人間だ。毎日イライラしている子どもと密着していれば、心身が疲れるのは当然です。疲れが我慢できない時に、お子さんに無理を言われると、可愛いと思えないこともある。あなたが異常かどうかは、あなたのお顔を拝見したり、お話を聞いていれば、そうでないことがわかります」

社会不適応にせよ、子どもの心身の病気にせよ、長期間続けば、その影響が他の家族に及ばないはずはない。長期間の内部矛盾は、家庭の関係を歪ませる。

「子どもが可愛いと思えなくなってきている」と訴えたお母さんも、「あんな子どもは死んでくれたほうがいい」と訴えたお父さんも、どんなに困ってもこのような「親にあるまじき」心情が心をかすめたことに狼狽し、カウンセリングで私に訴えるまで自責の念に苛まれ続けたに違いない。そして、「親だって人間だ」という答えにホッとしたに違いない。

前に述べたように、長期間の内部矛盾は家庭の関係を歪ませることを念頭に入れれば、カウンセリングは子どもの心だけを標的にするのでは十分ではなく、内部矛盾解消の直接の支え手としての親を、励まし、勇気づけ、大切にすることを忘れてはならない。このお母さんやお父さんのような心のうちは、精神科医やカウンセラーのような専門家を除いて、一般の人にはむやみに語れない性質のものだからだ。

第二章

現代の高校生のとまどい

第一章で、ある日、続けて三組のクライエントが来談した話をした。第一事例を思い出してほしい。親子、前々回は子どもの試験の都合で母親だけ、前回は親子、今回は親の都合で子どものだけとなって、親子それぞれの意見が相手のいないところ、いるところで双方で聞ける絶好の機会になったWさんである。

言動はどうあれ、親子双方の自己批判と、なによりも母親のわが子に対するあふれるような愛情と、それを受けとっている娘の確かな手応えが感じられてホットすると書いた子ども(高校三年生)が次の手紙をくれた。

親子の関係に安心できる事例でもあるが、この手紙の内容は、現代の高校生のとまどいの心境をあますところなく表現していて興味深く、参考になる。

[手紙の内容](現況について)

①気分に波があるような気がする。

一週間~二週間ぐらい悩み続けることがある。きっかけは自分でもよくわからないのだが…。悩み落ち込んだりする前や後は、きまって超プラス思考というか、夢に向かってゴー、ゴー、レッツゴーといった考えを持って、学習(といっても、自分で決めたことと通っている塾のことだけ)を「そこそこ」やり、(自分では頑張っているつもりなのだが、母はまだまだ甘いという）健康的であると思うと、突然、気分が滅入りだし、不安が襲って来て、課題や問題が山積みしているように思え、こんな自分では駄目だとか、つい最近まであんなにプラス思考でやっていたのにと、一歩進んで二歩下がるみたいな状況におかれる自分自身に対して、ものすごい嫌悪感と不満をおぼえる。

それまで、自分がやろうと信じて、実際まさにやっている最中にこれが正しいことなのだろうか、とふと我に返り、不安になることもある。もし間違った選択だとしたら時間と労力の無駄だなと考えたりすると動けない。

最近、自分の人生、人間としての生き方についてようやく自分で考えるようになってきたかな、と自覚できる。これが不安の原因かなと類推してみたりする。これまでは考えたこともなかった。最近はなりたい自分になりたいな、と強く思うが、そこまでの具体的道程を決めることができない。今という出発点と、なりたい自分像という目的地はあるが、そこまでの地図はない。「これは自分で描くものだろう」と頭ではわかっていても「できるだけ非効率的なことは避け、たどり着くだけは着きたいな」という弱い心が出てきたり、絶対にその目的地にたどり着ける、という保障を求め、そんな道じゃなきゃ通っても仕方ないと一般的に愚にもつかないといわれること（自分でもそう思っているのだが）を考えたりする。間違った道を選択し進んで失敗したら、ショックも大きいし、最近不景気だから、ホームレスになったりするのでは、さらに他人からも馬鹿じゃないのあの人、といわれそうで恐ろしいと思ってしまうのだ。

私は自分を臆病者だと思う。最近読んだ本の表現を使うと、ストライクにしかバットを振らないバッター。そんな自分が嫌で変えたいのだ、自由に生きたいのだ、という反面、「自分の可能性に賭けて果たして良いものだろうか。もし失敗したら命はないぞ」という、賭けて進んでみることへの恐怖がせめぎ合い、ぐるぐる頭の中をめぐり、動けない状態にある。石橋を叩きまくって保障が得たいが、得られず、渡ってはみたいが渡れないなあ、もっと石橋を叩かないと、とか思い、悩み苦しむ。家族は「馬鹿じゃないのアンタ」という感じである。だが、時は確実に流れている。「あの子、悩んでいるから待ってあげようよ」なんて言ってくれない。宇宙も世界も世間も変わり続けている。本当に何の根拠もないのだが、ここが私の人生の運命の別れ目のような気がする。ここを乗り越えたら、もっとポジティブな生き方ができるのではないかな、と直観的に思う。しかし、どうしたらいいのかまったくわからない。何が正しいのだろうか、と自問するけれど、答は出てこない。どうしたらいいのでしょう？　どうしようもできないのです。とにかく中途半端な、今の生活にも耐えきれないけれど、大成功した自分と人生に勝つのか、あるいは負けるのか、白黒はっきりしているところに自分を投げ出すのも恐ろしい。何も手につきません。

②社会との関わりについて

私は人と話すことや何かをするのは嫌いではないと思う。他人から認められたい、という感情も表には出さないけれど、人一倍強い方だとも思う。しかし、アイデンティティが確立されてなく、自分で認められない自分、こうありたいと願う自分からかけ離れている「みっともないな」と思う自分を人前に出すのが怖いし、他人がどう思っているのかな、と思うと否定的な感想が聞こえてきそうで少し怖い。頭ではそう思って学校に実際に行ってみると、誰かが声をかけてくれたりして、はてな?と思い、思ったより印象が悪くないのかな?と思ったりする。でも人間関係を深く築くと、それだけ面倒臭いことも多くなるし、関係が壊れたりすると痛手が大きいからな、とここでも少し逃げ腰である。しっかりとした人間関係を築きたい反面、その分大きくなる人間関係のリスクを考えると、ここでも、ああ動けないな、どうしよう、とか思ってしまうのだ。

でも、今は人生に対する悩みに比べると、こちらはまだ小さいことのような位置づけなのですが、先生どう思われますか。

③学校について

とにかく嫌い。私は強制的に何かやらされることがとにかく嫌いなようだ。行きたくないなあと思う。単位を取る、この形式的な作業が何とも苦しい。卒業しないと大学も受験できないから、しょうがないのだけど、このしょうがなさを納得し、割り切れないところに悩みが生じている。行事なども強制的…、やらされていることに気づかず、盛り上がっている人をみると「よく盛り上がれるなあ、こんな時間の無駄をさせられて…」と感心するのを通り越して、ある意味、「馬鹿じゃないのあの人たち?」と、冷ややかな視線を送っている(でも学校には、私みたいなのが何人かいるので救われる)。まあ向こうから見れば逆の意味で同じ思いをこっちに投げかけているだろうけど。

それに、学校は一応進学校とH県では言われていて、私みたいなのを除くと、よくできる生徒がわりといる。しかし、その人たちはみな塾に行ったり、○会とかをやっているからであって、学校の授業など悲惨なもので、一日のうち八、五時間をそれに奪われるのはきつい、と私は内心思っている。できる生徒は、なぜ疑問を抱かず言いなりなのか不思議だ。

が、単位を取らないといけないので、「くだらない」と思いながら、それに付き合うのは苦しいから、最近はずっと新聞の切り抜きと、本を読んでいる。テスト前はあわてるが、どうもそんな気分ではやる気がしない。おまけに、毎年、わりといい大学に入っているから学校サイドは「本校の教育がすばらしい」と私から見れば大きな勘違いをしているのも許しがたいので気分が悪く、本当に行きたくない。しかも、自分ができる生徒ではないから、あまり大声で言えないのもつらい。

発展させて、社会や会社もこんなところなのかな、そうなのだろうなと考えると、属する気にすらならないのだが、属さないと暮らせないのだろうと考えると、暗雲が立ち籠めてくる。そして先行き不安になり、ぐるぐる悩み続ける。単位をくれるだろうか…などなど悩み続ける。

さて、彼女は、森田療法と並んで日本が生みだした精神療法である内観療法にも積極的に参加していて、その効果として、家庭への感謝の念は十分改善されたが、便りにあるように、在席学校については、どうも苦手意識が改善されないと言う。

その原因は複数であろうが、一因として、学校が生徒中心で、登校する、しないまでも干渉せず自由なことにもあるようだ。多くの若者、子どもがそうであるように、義務や責任を伴わない「自由」ほど恐ろしいものはなく、彼女の便りにあるようなとまどいと怠惰を生む。この点は大人でも同じで、人間は基本的に快楽主義なのだ。約束のない自由な休日は、遅くまで寝ているのも人間が基本的に快楽主義である証拠だ。

診療・カウンセリングの印象や内容でも「気分に波があるような気がする。一週間～二週間ぐらい悩み続けることがある」という彼女の便りにしても、軽い抗うつ剤の投与によって元気になったことを考えると、軽い「うつ状態」のような心の病いを繰り返していたことも考えられるが、もっと一般的な現代の高校生の社会的病理を重視するべきだと思われる。

なお、先日、母親だけが来談したおり、娘は「先生の言われることやお母さんの言うこと、迷惑をかけていることはよくわかるが『嫌やなもの（学校へ行きたくないこと）は嫌やだ』このまま、高校を辞めて東京でひとり暮らしをしながら大検（大学入学検定試験）を受けたい」などと、言うことが支離滅裂になって、「お母さん…」と抱きついてきたりして気持ちが悪いということだった。

自由にあふれた高校さえ通学できないWさんが、今までしたことのない東京でのひとり暮らしをしながら、大検（大学入学検定試験）を受けるなどということが可能なはずがないことは明々白々である。混乱、後退現象が見受けられる。このような親子関係の場合、幼児からの教育やしつけがどのように関与しているのか、または、幼い頃から軽い「うつ状態」のような心の病いを繰り返していたことが大きな原因なのかは、まだ確認できない。というのは「うつ状態」に陥る人は「病前性格」といっていくつかの固有な性格を持つとされているからである。

第三章

いくつかの事例

◆「幼児虐待」に近い状態で暮らす子ども

今までは一般的、平均的な家庭（いささかの問題はあったかもしれないが）の幼少時の「心の教育・しつけ」について述べてきた。

しかし、最近、異常な家庭の中で育った幼少時の子どもの養育、治療にも目を向けざるを得なくなってきた。このカウンセリングルームでも、「幼児虐待」に近い状態の中で暮らす子どもを診ることも多くなってきた。

親もどこに相談したらいいかわからないとか、虐待を隠すなどの混乱がいろいろな事件を引き起こしている。幼少時の子どもの心身の異常を診たら、まず、我々医師が第一次手当てを施し、児童相談所につなげていくことが、激増する幼児虐待死を防ぐ手立てになる。

また、ACという家庭的病的状態の中で育っている子どもも多い。ACとは、アダルト・チルドレン・オブ・アルコホリックス（Adult Children of Alcoholics ＝ＡＣＯＡ）の略称で、アルコール依存症の親を持つ家族に生まれて成長し、成人した人という意味だから、本来はアダルト（成人）なのであって、チルドレン（子ども）ではない。アルコール依存症の父母を持つ家庭に育ちつつある子どもは、目の前で習慣的に繰り返される父と母のいさかいの光景をずっと見ていることでおびえ、その苦痛は幼い子どもほど堪え難いものになって、後々のその子の人格にまで影響を与える。

日本は飲酒に寛容な国であるが、大人にとっては「付き合いの酒」であったり、母親のキッチンドリンクの習慣であっても、幼い子どもには「いまわしいもの」としか映らない。

次に、精神科医の立場から観察していると、幼い頃、心身の疾患があって、現在は治っていても、何となく元気がない子どもにときどき遭遇する。幼い頃の心身の疾患は完治しているのにもかかわらずである。このような子どもは、幼い頃、心身の疾患に悩んだことが「心の傷＝トラウマ」となって、その子の人格にいまだに影響を及ぼしているように思える。たとえば、今になって薬の服用に異常なまでに抵抗するなどである。こんな場合は丹念に注意深く観察し、心身の疾患は完治している現在の自分に自信をもたせることが欠かせない。

幼い頃に、親（とくに母親）がなんとなく「異常」と感じ、いくつもの病院に受診しても医師に「異常ありません」と言われたものの、幼稚園、保育園のような集団に入るやいなや、室内、園内を歩きまわり、手がつけられなくなる「多動」という先天性疾患があり、現在の医学では原因は究明されているが確実な治療方法がないということも、親は心得ていなければならない。

「多動」は、親がなんとなく「異常」と感じても、集団に入る前にはその激しい症状は出現しないのだから、その場では医師に「異常なし」と言われることが多い。こうなると、医学以前の、なんとなく「異常」と感じる親の「かん」がとても大切になる。将来、幼児の早い時期に医学で発見できるようになるまでは、親の防衛分野だと言わざるを得ない。

◆「精神的」成熟の遅れ

今まで述べてきたように、現在の子ども・大人社会にいろいろな危機が生じてきた原因にはいろいろな因子が考えられるが、その決定的なものは子どもの「身体的」成熟（栄養が良いため）に逆比例する子どもの「精神的」成熟の極端な遅れである。

また、「精神的」成熟の極端な遅れのため、本来、親になるべき条件が備わっていない人が、親になっていることから生ずる悲劇もある。その良い例がたとえば幼児虐待である。

この「身体的」成熟に逆比例する「精神的」成熟の極端な遅れこそ、基本的に現在の子どもにさまざまな問題を起こさせると考えられるからだ。

日本の敗戦前後には、精神的に大人になるのが二〇歳であったのが、現在は三〇歳以上であるということが、精神医学や心理学の分野では常識となっている。二十世紀中頃の時代には、ほぼ二〇歳が精神的に子どもから大人への転換期というふうに考えられるから、その「なごり」で今でも二〇歳で成人式を行う。

今では、子どもから大人への転換期は、三〇歳とも三五歳とも言われることもある。このことは診療実践の印象とまったく一致する。栄養状態が良くなった現在、子どもは身体的には十分発達している。一方、精神的な成熟が十年以上遅れてきているというアンバランスが、さまざまな個人的、社会的問題を引き起こしている。

最近の若者が起こす一連の殺傷事件や、身体の発育と情報の獲得量は第二次世界大戦時より圧倒的に多いのにもかかわらず、考えられない幼稚な思考・行動パターンを示すということは、二十世紀中頃の時代と比べて約十年の精神的成熟の遅れというアンバランスを考えるとどうして起きるか納得できる。

精神的成熟が遅い（幼い）場合は、目先のことしか考えられず、刹那的、快楽中心的で、自分の行為がその先どんな結果を生むかとか、他人にどのような迷惑をかけるかを判断できない。デパートやスーパーで好きな玩具を買ってもらえずに、ひっくり返って泣き叫ぶ幼児を思い浮べると、その実態が理解できる。

私の娘に対するいじめの件で、取材にきた外国人記者が「日本の大人は『やっていいことはいい、悪いことはしては悪い』となぜ教えないのか？」としきりに質問していたのが印象的だった。子どもの発達過程において、昔とのライフサイクルの区分の変化が今の各種の問題を起こしている。

大人への転換期が三〇歳とも三五歳ともなれば、たとえば教師の場合、実は教師になってもまだ大人ではないから、「子どもが子どもを教えたり、家庭の場合は、子どもが子どもを産んだりしている」ことになるから、教育、子育てに混乱がおこるのは当たり前である。

最近、文部科学省が全国の大学に「学生課」を設置しようとしているのも、大学生が何をしているのか、今までのシステムでは個々の大学で把握できないからだ。すなわち「大学生は子どもで信頼できない」という文部科学省の判断であり、これも精神的な成熟が一〇年以上遅れてきているということの証明にほかならないのである。

◆現代の子どもの発達過程

A、B、Cに分けて子どもの発達過程を見てみたい。

まず、Aは思春期前期で、これは小学生の高学年から中学生にあたり、この時の子どもたちの特徴を一言で言えば「私の体の中に何が起こっているのか」ということで、その象徴は、女子の「生理」である。今まで、考えたこともないような事が子どもたちの体の中に突然起こってくる。

それから、次のBは思春期中期である。

高校生の時期にあたる思春期中期の子どもの特徴を一言で言えば「私はいったい何者なのか？」、すなわちアイデンティティ(自我同一性)を求めるということで、そこから心の旅(心の放浪)が始まる。

最後にCは青年期である。青年期は自分の心の旅のひとつの区切りで、「これが私だ」というアイデンティティが確立し始める。

一方、親と子の分離には、「母子」分離と「親子」分離の二つがある。三歳前後の第一の親子分離である母親と子どもが分離していく「母子」分離、これは母と子の課題である。

もうひとつの親子分離、これは父母（両親）と子の課題である。この親子分離が思春期・青年期に起こってくるが、最近、この分離が非常に遅れてきている。

第二の分離である親子分離には、母子の間に父親が参加する。この際の父親の役割というのは、社会性の獲得、すなわち「社会のあり方とはどういうものか」ということを父親が子どもに教えていく。

たとえば、母と子について述べれば、最近の子どもが獲得する情報の量は第二次世界大戦前や大戦時より圧倒的に増加していることもあって、子どもに「屁理屈」が多くなり、母と子の論争は永遠に平行線をたどる。そこへ勤務先から帰ってきた父親が、ポツンと一言「そんなこと言ったって、そんなものは社会で通用せんぞ」と子どもに言う。これが、子どもに「社会性を獲得させる」ことになる。この場合、父親には理屈はない。父親が毎日、毎日、社会で味わってくるさまざまな苦悩、あるいは規律、協調というものをわが子に伝える。

従来(と、いってもかなり以前)、日本では、父親は家庭の威厳の象徴だったが、今、日本では父親の影が薄くなっているため、こうしたことも当たり前ではなくなっている。

親子というのは反抗と依存、同調などを繰り返しながら、少しずつ離れていくわけであるが、その離れ方(親子分離の仕方)に失敗すると、いま治らない自我同一性障害(境界例)という精神科疾患になる。自我の揺れが段々と減少して三〇歳から三五歳くらいになって言動が安定し大人になるのが自我同一だが、三〇歳、三五歳を越えても言動が安定せず、自我(自己)「同一」ではなく、かえって自我(自己)「拡散」となってしまい、学歴など関係なく大変難しい状態になり治療も難行する。というより現在、世界中で治療方法がまだ見出されていない。

今、子どもも社会が急激に変わってきている。そのうえ悪いことに、私たちは自分が子どもだった時代があるわけで、無意識のうちに自分が子どもだった時代と今の子どもが生きている時代を重ね合わせてしまう。

ところが、神戸の須磨の事件などを経験してみると、子どもは我々と姿形は同じだが、内容は「違う生き物だ（新々人類）」と思うほうがわかりやすい。

極端に言えば、今、子どもがいったい何を考えているのかが非常にわかりにくい。だから、家庭では子どもが「今、現在、あるいは明日はどうなるかわからない」という危機感を持つことが必要だが、実際、家庭にその危機感が薄い。

そういう中で、我々精神科医が刻々とした時代の変遷を考慮しながら、子どもたちと日頃接しながら十数年前から診療実践した結果、子どもたちから以下のようなことがわかった。

①子どもの中でみられる自己中心的志向・態度、自然な他者配慮の欠如
②物あまり・食の氾濫
③過保護と対をなす目的意識の希薄化
④対人関係の未熟さ
⑤耐性の欠如
⑥義務や規律のない過度の自由思想
⑦自己愛の肥大化
⑧心の構えの硬さ
⑨大自然との乖離（かいり＝かけ離れた状態）
⑩情報の氾濫と消化不良など

まず、親や家族も含めて他者の気持ちや他者の立場に配慮することがまったく不可能な、非常に「自己中心的な」子どもが量産されている。その一方で、必要以上に他者に配慮する結果、自己と他者の人間関係に自然さが失われている子どもも量産されている。つまり両極に分化しているのだ。いずれにせよ、結果として対人関係がうまくない子どもが激増している。対人関係の未熟さである。

次に、この国に物や食が氾濫し、メディアの広告、宣伝に振り回され「買物依存」や「過食」「拒食」などの摂食障害が激増している。

また、少子化の「負の効果」がしだいに過保護となって現われ、過保護に原因する精神的な未熟さゆえに「何を目的に生きていいか」わからない子どもが激増している。目的意識の希薄化である。前述したWさんの場合などが、その典型である。

圧倒的に子どもに「こらえ症」（忍耐力）がなくなった。対人関係がうまくないこととも関わって、ストレスに曝されない自分の家庭や自室内では暮せるが、外で友人と過ごすことができにくい子どもが激増し、長期間の閉じこもり（十年以上）が年齢を問わず一一〇万人くらい（さまざまなケースがあり正確に数は把握できないが）は存在すると思われる。いわゆる「引きこもり」の激増である。

当然、同世代の子どもや若者に波長を合わすことができず、大自然とは乖離してしまい、テレビや漫画など情報の氾濫によって仮想現実（バーチャル・リアリティ＝現実と想像の世界の区別がつかなくなる現象）が生じる。精神的に未熟のままだと心の柔軟性の獲得ができず、思い込みが激しく心の構えが硬いままになる。

◆現代の子どもの変容

従来から私は、精神科医としての診療やカウンセリングのなかで得た実感として「社会病」とも言える、これら日本の子ども社会や個々の子どもが、時の経過とともにますます変容したことを痛感するようになっている。

このような「下地」を持っているので、就学時以降になって子どもが集団に参加するようになると、いじめ、不登校、高校中退、受験問題、性、覚醒剤など、現代日本の子どものあり方の問題点となって鮮明化する。

「教育の根幹は家庭にある」という見解を待つまでもなく、心のしつけや教育は思春期になって問題が起こってから慌てるのではなく、幼児から基本的に家庭で徹底させないと、思春期以降の正常な心の教育は維持できない。

また、最近の診療で痛感するのは、無気力の子どもが多いこととその年齢相応に「自分の気持ちを表現できる子ども」が少ないことである。

こちらの簡単な質問にも、いちいち親の顔をみてからでないと返事ができない。親の顔をみてから返事ができる場合ならまだしも、自己表現がまったくできない。質問に応答しないばかりか、質問しても「だれの話？」とでも言わんばかりの態度をとるなど、こちらで「話のつぎ穂」がなくなる。それをみかねて親が代わりに返事をするような場面が多いなど、まったくお手上げの状態にしばしば陥る。「同年代の若者との交流をまったく望まない」という子どもの返事に親が「この子は幼い頃からひとりぼっちが好きでした」という。「趣味や好きな運動は？」と聞くと「無い」という。

この子どもたちの子育てには、幼い頃に欠陥があったとしか思えない。三歳頃までの子育てで、親として重要なことは、適切な親子分離であり、それにより幼児はその後の人生を左右する決定的な多くのことがらを身につけることになる。その後の人生を左右する多くのことがらには心身両面のものが含まれるが、心の問題で大切なのは、前に述べたように就学してから質問に返事ができない、自己表現ができない、他者との交流を望まないということにならないようにすることや、「してよいことと悪いこと」の区別がつくようにするなどのことである。身体の問題では摂食、排泄、歩行などを、就学してからのことを見越して「しつけ」しておくことである。

◆しつけをする際の留意点

心身両面の「しつけ」をする際の留意点のいくつかをあげよう。

まず、幼児はけっして無邪気な「天使」の一面だけを持つものではないことをはっきりしておこう。そうだからこそ「しつけ」をするのだ。次に、これは大人になっても残存することだが、幼児は大人よりもさらに快楽主義的である。第三に、育児技術の面では毎日の「しつけ」を「心をこめた言葉」とともに繰り返し繰り返し行うことだ。

「おしっこが上手になったね」「○○ちゃんと上手に遊べたね」「そんなことをしては駄目！」など褒めことば、禁止など、心をこめた言葉とともに繰り返し行う。

「心身」というくらいで、心の発達にも身体の発達にも順序があるが、心の発達は、身体の発達のように目に見えないため、幼少時、心の歪みや停滞には気がつかない。それらがはっきりと家庭や学校で認識されるようになるのは思春期頃になってしまうので、とくに心のしつけを見落とさないようにすべきだ。

さて、幼児はけっして無邪気な「天使」の一面だけを持つものではないからこそ、禁止の言葉など「してよいこととしてはいけないこと」の区別のしつけを厳しく行わないと、就学してから「東部中学校での少年犯罪者集団」が起こしたような、悲劇が生まれる。「他者との交流を望まない」というような対人関係の未熟さを増長しないようにするしつけもいじめの防止になる。

摂食、排泄などをしつけしておくことは不登校の防止になる。

一方、学校の校訓や警察や道路端の標語などの「かけごえ」はほとんど役にたっていない。カウンセリンググルームに来られる親で、教師の仕事をしている方々に、勤務校の「校訓」を尋ねてみて回答できる方が皆無なのだから、まして標語が生徒（子ども）に影響をもつはずがない。

前に「こちらの質問にも親の顔をみてからでないと返事ができず、自己表現ができない、同年代の若者との交流をまったく望まない、趣味や運動をしないなどは、この子どもたちの子育てには幼い頃に欠陥があったとしか思えない」と述べたが、精神科医、笠原嘉氏の意見も同じく「真理」である。

ここで、一見、異なるような記述を紹介するとしよう。

［単純すぎる「母原病」説］

「ところで、今日の家族療法家の中にも未だ、母親がわるい、父親がいけないといった単純原因論をとなえる人がいるのは残念である。俗耳に入りやすいにしても、そういう単純理論が無益なことはすでに二十年前の研究が指摘したところである。家族というひとつの集合体を『全体として』みる見方を開発するところにこそ現代の家族研究・家族療法の意義がある。（講談社現代新書、笠原嘉著「退却神経症」一五三頁）

「…しかし、お母さんが登校拒否をつくり上げるということはないだろう。子ども側の素質、性格もある。先にも述べた完全主義傾向のいささか早すぎる完成などは、素質的なものをぬきにしては考えにくい。その上、高学歴志向を促す世間の潮流は、すべての母親や父親を超えた向こう側にある。自分だけが自分の子どもをそのような社会の流れに反逆して独自に教育する。結構なことかもしれないが、たぶんそれは大人の自愛的幻想だろう。ノイローゼの原因は多元である。学説があいまいなのではない。人間が適応する『現実』それ自体が多元で、多様な顔をもつからである。だから、お母さんがわるい、学校がわるい式の評論は不毛で、同じ事が父親説にもいえるだろう。

だから、家庭に退却神経症やヤセ症のひとが出たからたいって、いたずらに自分を責めすぎないよう願いたい。（同著一五四頁）

カウンセリングルームに来談する子どもが「自分がこうなったのは親の育て方が悪かったためだ」と親を責め、親も「たしかに…」としょんぼりした際には「お母さん、子育てなんて試行錯誤で、親の育て方が悪かったためだなんてことはない、『母原病』説と言って…」と笠原嘉氏の「退却神経症」のこの部分を紹介すると親は安心する。

長い間、たくさんの親子を診ているとその家庭のあり方、個々の人格で多少の違いがあるものの、子どもの主張と親の反応は驚くほど似通っている。

◆対人関係の構築の失敗

同じ言葉をしゃべりながら、現代の日本では、大人と子どもとではしゃべっている言葉の意味するところ（内容）がまったく異なる。

たとえば「親友と向かい合っていると息が詰まってくるんです。黒板に向かっているときが安心できる」と言う子どもが多い。大人にしてみれば、この短い言葉の中にも矛盾を感じる。大人にとって、親友とは「何でも話せる友だち」だと思っているが、現代の子どもには、ただの多少仲の良い友だちどころか「向かい合っていると息が詰まってくる」のが親友なのだ。

親友ではない「ただのクラスメイト」との関係はさらに惨憺たる内容になっている。

この頃、「対友人関係の構築」が上手でない子ども、若者が激増している。このカウンセリングルームの記録カードにも「親友はない。クラスメイトと話す機会はほとんどない」と回答している子どもや若者が多い。

この傾向は、第一章の中の親の愛情で述べた不登校の子どもの親が「この子は昔から人嫌いで友だちと遊ぶのが苦手でした」とか「家でも外でも、自分を表現するのがへたでした」「外に出たがらない子でした」という発言にも表れている。それらは、「幼児期から今まで、これらの思わしくない傾向を放置してきた」と家庭での心の教育の根幹に根ざしていることも十分考えられる。

それにしても、最近、若者の中での対人関係が極度に微妙になっているのである。

若者が自己を確立していく過程でもっとも大きな力を持つのは、同じ年代の友人たちとの交流であり、その友人たちとの会話がもたらす情報である。そして、何らかの不調を訴えている若者は、我々心の専門家に援助、アドバイス、治療を求める。だから、実生活の経験のない若者が自己を確立するために、同じ年代の友人たちからの情報などなしに、親やメディアがもたらす情報はほとんど無力である。

しかし、それにしても「友人関係の構築がうまくいかない」と悩む若者が多いのはなぜだろうか？　さまざまな原因が考えられるが、主因はお互いに「傷つけ、傷つけられることを避けよう」という傾向があるからではないか。そして「うまくやろう」としてあせり、ぎこちなくなる。ちょうど、ガラス細工に錐（キリ）を突き立てると「ピン」とひび割れができるように若者の心は傷つきやすい。だから、ジーッと距離を置いて相手を観察し続けるか、寄っていってもぶつかる直前にスルッと回避してしまう。

親友になるには、まず「お互いの意見の相違でぶつかる（激論を交わす）→自己と他者の違い、すなわちアイデンティティ（「これが自分であるという自己」の確認のこと）をお互いに認め合った上に、共通点で手を握ることから出発するのだが、そうしたことが現代の若者にはまるでない。他者への配慮であるように見えて、実は自分が相手によく見られたいという自己保身である。そもそも対友人関係は「出会い」「縁」であって、あせったところで構築できるものではなく「その人といると心が和む、ホッとする」とお互いに認め合うことの上にしか成立しないから「うまくやろう」としてあせってもぎこちなくなるだけだ。

夏、春、冬の学校が休みの時に、友人と遊ばない子が増えた。理由を聞くと「普段、学校で、友人や先生にさんざん気を使っているのだから、休みの時くらいひとりでゆっくりさせて」と言う。

また、高校卒業後、就職で地方から都会に出て来たような若者は、「会社」という競争原理が幅をきかす場に身を置くために、孤独になりやすい。だからこそ、在学中に人間関係の構築に全力を注ぎ自己確立に役に立てるべきだ。「親友はない。クラスメイトと話す機会はほとんどない」というのでは淋しすぎる。「付き合いと勉強」、このあたりのバランスは難しい。

現役や浪人時代から私が診ていて、無事、大学に合格した人たちのほとんどすべてが対友人関係で悩む。その時期はまちまちだが、大学入学時から悩み始める人も多い。「友人関係の構築が不得手だ」という主観的な「確信」がその底流にある。私が大学に進学することを勧める理由は学歴信仰からではない。大学の大衆化によって、今の大学は旧制中学程度の価値しかないと私は思う。「理屈抜きに楽しい。友人ができる」、これが私が大学に求める意義だ。大学進学率が高くなって、友人関係が構築できる場はキャンパスにしかないかの如き観さえある。若者たちにとって、後にも先にも競争原理から開放される場はキャンパスである。だから、大学入学早々から友人関係の構築に悩み始めることは何としても避けたい。競争原理もないキャンパスで、なぜ友人関係の構築がうまくいかないのだろうか？　その理由は前に述べたような、「傷つけ、傷つけられることを避けようとして、ぶつかる→違いをお互いに認め合う→共通点で手を握る」というプロセスがうまくいかないからだ。

高校生、予備校生は「友人がライバル」という大学進学という競争原理に支配されてはいるが、受講料を払っているという点では、給料（金）を貰っている社会関係より厳しくない。高校生、予備校生も若者である以上、前に述べた「現代青年の対友人関係」の悩みは同じである。いや「友人がライバル」である以上、多少、自己中心的に振る舞うのも（短期間だけに）許されるが、大学に合格した後に必ずといってよいほど友人関係構築に悩むことを考慮して、ほどほどに友人作りの練習をしておくことだ。

自然な異性との交際は「『動物の本能的』な営みが『人間』としての営みより優位に立つ」という本能優先の原理で、自己に余裕ができてくればうまくいくだろう。

◆早期教育といじめ

就学以前の子どもを学習塾に通わせている家庭も多い。いわゆる早期教育もあれば、習いごともある。

学習塾は学校という「枠」をはずれているので「塾のほうが楽しい」という子もいる。それはいいのだが、中学や高校などで不登校や「閉じこもり」になった子どもや若者の多くに、早期に塾などの受験に失敗した経歴があり、その失敗が「心の傷」になっている可能性がある事例を私のカウンセリングルームでよくみる。受験でも志望者が多いため、やむを得ず「必要悪」として行う大学受験なら失敗してもそのショックに耐えられるが、原則として高校以下の受験はその失敗が「心の傷」になって、後から問題を起こす事例があまりにも多いので私は避けるべきだと思っている。「原則として」とことわったのは、いじめなどで、抜き差しならぬ人間関係に陥っている場合は、事態を打開するための場合もあるからだ。

さて、「教育にゆとりを!」という言葉が聞かれるようになって久しいが、現実の子どもたちは「ゆとり」をもっているのだろうか？

次のA新聞の記事と、この記事の中の私の見解を読んでほしい。

【有名中学目指し疲労とストレス?】

最近、小学校の高学年で「学力優秀児」が荒れて、クラスをかきまわすケースが出ている。学校の教師や、子どものカウンセリングにあたっている精神科医らは「引き金になっているのは、有名中学を目指して、夜遅くまで受験勉強に取り組んでいるストレスでは」と指摘する。親の期待、塾通い、睡眠不足。そして、戸外での遊びや、漫画、テレビなどの娯楽を遠ざけた生活。ため込んだ疲労とストレスが、ひずんだ形で発散されているというのだ。

【ドリンク剤飲み毎日塾通い】

関西の小学校で六年生を担任している女性教諭が、A君の変化に気づいたのはこの夏休み明けだ。授業中、たえず下を向いて手元を動かしている。見ると、紙をちぎって遊んでいる。指で鉛筆をくるくる回す癖も、これまでなかったものだ。

【口癖「うるさい」】

十月に入ると、変化はもっとはっきりしてきた。肩が触れたクラスメートを突き飛ばす。教室でイスが足に当たるとけっ飛ばす。わざと床にごみを落とす。注意されると、「ババア」「どこに証拠があるんや」と開き直る。口癖は「きっしょい」（気色悪い）「うるさい」。授業には、まったく参加しなくなった。漫画を読むか、友人を巻き込んでのおしゃべり。A君は、二十分のテストは五分で済ませてしまう「優秀な子」だ。五年生のころはクラスのリーダーでもあった。女性教諭はとまどった。思い当たるのは、A君の受験勉強だという。A君は名門私立中を目指して、四年生から塾へ通っている。

【就寝は午前二時】

毎日授業が終わるころ、母親が学校まで弁当を持って迎えにくる。電車で塾へ向かい、夜九時過ぎまで勉強。母親の話では、夏休みもドリンク剤を飲みながら毎日塾通いしたという。十月からは、さらに深夜の補習が加わった。帰宅は午前零時半。塾の宿題をして、午前二時すぎに床につくという。「大人でもこれだけの生活をしていれば過労死しかねない。彼の行動は、人間らしく生きたいという叫びだと思うんです」別の小学校で昨年度、六年生のクラスの担任だった男性教諭は、B君に悩まされた経験を持つ。B君も、有名私立中への進学を目指す、学力の高い生徒だった。B君の夏休みの宿題「一行日記」には、紙いっぱいに「じ」「ゆ」「く」とだけ書いてあった。

【弱いものにも暴力】

このB君が、同じクラスの知的障害児C君に暴力をふるうのだ。C君はカッとなるので、周囲は面白がってからかう。追いかけるC君を、B君が押さえ込み何度もける。いくら注意しても、「事件」は何度も繰り返された。秋ごろ、たまりかねた男性教諭は大声を出した。「お前は、弱いものの気持ちがわからんのかっ」Ｂ君は下を向いてぽつりと言った。「わからん」「変な話ですが、そうだったのかと納得してしまった。頭がいいから常識が身についているという思い込みがあったんです」それからは、Ｂ君の言い分に耳を傾けるよう心掛けた。まもなく、暴力はやんだ。男性教諭は、Ｂ君は安心してゆったりできる場所がほしかったのではと振り返る。中高一貫教育で、大学への現役合格率も高い私立中への進学熱は、高まる一方だ。私立中が集中する首都圏や関西では、私立中学への進学者は増え続けている。高まる一方だ。ベネッセコーポレーション教育研究所がかつて、東京の都心の小学六年生を対象に行った調査によると、受験生の九四％が平均週三、四回塾に通い、三分の一以上が零時以降も起きていた。四割以上が友だちともほとんど遊ばず、漫画も三割が読まずにがんばっていた。

【息抜く場必要】

子どもとストレスについて研究している福岡教育大の秦政春教授は「子どもには、ぼーっとできる時間が必要だ」と指摘する。秦教授が一九九二年と一九九五年に、福岡県の小学五、六年生を対象に行った調査では、三割以上がストレスを自覚し、ストレスがたまっている子ほど、授業妨害や学校の物を壊したいなどの衝動が強かった。学業成績のよい子どもほどストレスがたまっていた。「過剰教育のなかで、子どもは息を抜く場がない。ストレスを発散できないことが、教師へのいやがらせやいじめなどの問題行動の背景になっています」

【進学塾】

個性抑える学校が反省を

中学受験に向けた勉強ストレスを、進学塾側はどう見ているのか。今春、兵庫県の灘中学校入試で多くの合格者を出した「希（のぞみ）学園」（本部・大阪市）の前田卓郎学園長に聞いた。

塾に来る子どもたちが、学校や家庭で荒れるということはありますか。

「確かに一部の保護者の方から相談を受けることはあります。しかし、原因がすべて受験とはいえないと思います。今の子は成長が早く、小学生で反抗期を迎えます。そういう時期に荒れた行動を起こすのは、ある意味で自然では」

小学生が、自分の受験校を自分の意志で決められるものでしょうか。

「情報があふれている時代ですから、今の子どもは志望大学や就職のことまで考えています。また『地元の中学には行きたくないから』という子が多いんです。いじめられるからですよ。今の学校では、成績が優秀で目立ったらいじめの対象になるんです。個性を抑え込んでいる学校こそ反省してほしい」

【精神科医（私）】

親の期待にこたえ悪循環　〜休息、睡眠、遊び、成長に不可欠〜

小学校の受験とストレスをどう考えるか。「京都心身・学習総合カウンセリングルーム」で、受験や不登校、いじめなどの相談に応じている精神科医の土屋守さんに聞いた。

以前は、いじめなどの問題を起こす子どもは「非行型」の子が多かった。でもここ五、六年の傾向として、優等生がいじめる側に回るケースが目立ってきています。なぜか。世の中が豊かになるなか、親子分離ができていない家庭が、非常に多くなっている。だから、今の子どもは、親の期待に対して、ものすごく敏感なんです。ちょっと勉強ができる子どもが、なにかの拍子で学年で一番の成績をとったりすると、親は期待するわけですよ。そうすると、子どもは親を喜ばせようと勉強する。成績が上がる。親は喜び期待する。子どもはさらに勉強する……際限がないんです。そのうち、生活から遊びやいたずらが欠落していって、子どもは欲求不満のかたまりになっていく。いじめたい、という気分が高まる。

思春期、成年期というのは、心が揺れ動く不安定な時期です。そこに受験のプレッシャーも精神的な成長につなげることができるでしょうが、小学生というのはどうでしょうか。休息、睡眠、遊び、すべて子どもの成長に欠かせないものです。これを満たさずに知的な面ばかりに偏って発達させすぎると、優しさ、喜び、悲しみ……といった情意をつかさどる脳の発達が、抑制されるという学説もあります。私は、受験の「勝者」の心の傷をたくさん見てきました。ここには、有名中学に通う勉強強迫症の中学生がいっぱい来ます。くつろぐことは「悪」という考えなんですね。あらゆる教科で一番にならないと耐えられない。

ところが、周囲はみんな知的訓練を受けているし、いつまでも一番というわけにはいかないでしょう。それが心の傷になり、不登校になる。また、一流大学を出た親の家庭が問題を抱えているケースが、非常に多い。だいたいこの揺れ動く時代、いい大学を出たからいい会社に就職して幸せだなんて、そんなことはありえませんよ。塾が絶対悪とはいいません。塾に行くと学校以外の友人もできて、今の学校の閉塞状況に風穴を開けている側面もあります。ただ、小学校であれば午前零時までに寝ること、そして朝はしっかり起きて朝食は必ず取る、最低これだけは守ってほしいですね。

◆休息、睡眠、遊びは欠かせない

つぎに、私の「休息、睡眠、遊び、すべて子どもの成長に欠かせないものです。これを満たさずに知的な面ばかりに偏って発達させすぎると、優しさ、喜び、悲しみ……といった情意をつかさどる脳の発達が、抑制されるという学説もあります」というコメントの出所を明らかにしよう。

それは『学校過労死〜不登校状態の子どもの身体には何が起こっているのか』（三池輝久・〔熊本大学医学部小児発達学教室教授〕・友田明美〔熊本大学医学部小児発達学教室〕著、診断と治療社）である。医師向けの雑誌「メディカルA」（A新聞社）にこの本の書評を私が依頼されたのが縁で、その後、Kテレビの不登校の番組に出演した帰路、三池教授の研究室をたずねた。

さて、私のコメント「休息、睡眠、遊び……を満たさずに知的な面ばかりに偏って発達させすぎると、優しさ、喜び、悲しみ……といった情意をつかさどる脳の発達が、抑制されるという学説……」とは『学校過労死』の中の「海馬を中心とした記憶回路のみが強化され、その機能が優れていれば優秀といわれ、人としての優しさや思いやりなど、情動的な回路が抑え込まれてしまうと心配されるからです。……」（同書一八頁）という脳神経小児科医である三池熊大教授の学説から学んだものである。

我々は神戸、須磨の事件以来「弱いものなら誰でもよかった」という加害者の言葉を何度となく聞いた。熊本大学の三池教授は「学校過労死」のなかでいじめについて脳神経小児科医の立場から、次のように書いている。

◆不登校状態に至る原因—怠けではありえない不登校状態

いじめを受け続け、学校へ行けなくなる。医学的というより心情的に納得できますが、医学的にも大きな鍵があると考えられます。「いじめに屈するのは心が弱いからだ」などという人には、人の「心」を語る資格はないでしょう。大学生を含めて精神分裂病と診断される人たちの多くに、長期間いじめを受けた既往があるといわれています。

いじめを受けている状態が不登校状態を解く一つの鍵だと思います。いじめられるということは、人としての尊厳性を傷つけられプライドを破壊され、自らの存在や生きていること自体を否定されるような状況に追い込まれることであると思われます。このような仕打ちを受けること自体、彼らにとって信じられない屈辱的衝撃である可能性があるのです。特に、これまで温かい人間関係のなかにいて人を疑うことを知らなかった場合にはどうなるでしょうか。「大事に育てすぎたのでしょう」などと皮肉をいう人がいたりするものですが、温かい家庭に育ったことがどうして非難されなければならないのでしょうか。いじめや情動的な問題による不登校状態には、かつて経験したことのない、これまで処理したことのない、強い衝撃にも似た大量の情報が脳内に溢れ、その他の情報（勉強など）処理能力を抑制してしまうため、アクセスできない状態になっている可能性があるといえるでしょう。つまり、パニックが起こってしまうと考えられますが、脳のコラム・モデュール・フレーム説によれば、このような情動面の興奮が脳活動を占めている場合、対極にある勉強のような理性的な脳活動は抑制されることになりますから、学校どころではなくなることが説明できます。

このような状況を背景として、学校へいけない状態が起こると考えられます。またこの状態を誰も非難はできないと思います。たとえば、不登校状態になった子供に対する両親たちの反応を考えてみてください。自分の子供が学校に行かないということだけで多くの人がパニックになってしまう事実があります。なかには、子供を殺してしまう事件さえ起きてしまうのです。自らの人生の辞書には「学校に行かない」という文字はなかったのでしょう。

これは、両親にとって人生のうちで初めての、しかも大きな衝撃を伴うような経験であると考えられます。しかし、このような状況に遭遇した場合、大人といえどもその情報処理には長い時間を要するのです。けっして子供だから弱い部分があるなどという問題ではなく、大人であっても自らが生きてきた価値観を大きく外れてしまう状況に出会った場合に起こりうる正常な反応と考えるべきです。

いじめが関与する脳機能の問題は、人間不信が根底にあるためか比較的重傷になりやすく、治療上も苦慮することが多くなるようです。いずれにしろ、この急性期のパニックを過ぎると平常に戻ることになりますから、学校へ戻ることは可能な状態になりますが、彼らを取り巻く様々な状況が彼らを学校へ戻すことを阻む要因となっています。（同書、一六頁、一七頁、登校拒否と不登校状態）

さらに、同書の内容は家庭病理にも及んで、

身内の不幸や醜いもめごとに巻き込まれ、登校できなくなる。

なぜ家庭内の問題や自分の親しい人や近い人とのトラブルが不登校状態と関係するのでしょうか。難解ではありますが、これも不登校状態を解く大きな鍵だと思われます。人の死や、両親の不仲や離婚、財産問題などの醜い争いは、おそらく彼らの人生での新しい経験であり、大きな衝撃をもたらすものだと考えられます。また先にも述べましたがこのような情動面の興奮的活動は理性的な脳機能を抑えてしまう（脳のコラム・モデュール・フレーム説）ことが考えられ、学校の勉強どころではなくなると推測できます。人間に対する不信感が強く刺激される情報によるものもあり、状態が悪化したり、長引いたりします。

私たちの経験からいえば、身内の不幸のような情動興奮はいわば人間であればいつかは経験しなければならない日常の出来事とでもいえる問題であり、このような場合には不登校状態の回復は速く、長期の不登校にはなりにくいように思われます。一方、いじめや財産問題をめぐる醜い争いに巻き込まれたなどの場合は、強い人間不信に陥るため様々に反応性症状

が長引くことが多く、先にも述べたような精神科的疾患の背景ともなりうるため大きな問題を含んでいるのです。しかしこのような場合も、周囲の理解があり、彼らの苦悩を受け止めることのできる「大人」がいれば危機を脱することはできるのです。しかし、残念なことに日本の多くの大人たちは、かえって傷口に塩を塗り込むことしかできないようで悲しいかぎりです。（同書一九頁）

さて、これも以前の話だが、鳥取県の米子市から京都大学医学部に入った私の教え子がいる。入学当初に、夜遅く神戸で電車に乗ったら車内に酒を飲んだ勤め帰りの人々に混ざって、制服を着た小学生が大勢乗っているのに「先生、あの大勢の小学生はどうして夜遅く電車に乗っているんでしょう？」と聞かれ、私が「塾の帰りだよ」と答えるとびっくりしていた。

優秀な彼も米子では見かけなかった光景に「先生、子どもたちは小学校から忙しいんですね」とため息をついていた。

このように、小学校から人格形成を伴わない知的トレーニングばかりを受ける子どもたちは、こじんまりとし、夢を持てない状態になる。心配である。

文部科学省の外郭団体が、最近、日本と中国、韓国、米国の中高生を対象に行った「二十一世紀の夢に関する調査」によれば、日本の若者は将来を悲観的に見て夢が小さく、享楽志向が強い、という特徴が明らかになった。

調査では、新世紀に「希望のある社会になる」と答えた日本の中高生が五割以下で四か国中の最低だった。若者の九割前後が将来に希望を持つ中国とは対照的だ。日本の若者は、人生の目標として「その日その日を楽しく暮らす」ことなど、個人生活の充実をあげる回答が多かった。将来を厳しく予想するのは、長引く不況下の暗い世相が反映した結果とも見られる。もっとも、日本の若者が個人生活を重視するのは以前からの傾向ともいえる。同様の特徴は、総務庁が一九七二年から世界十一か国の青年を対象に行っている意識調査でも読み取れる。

二〇〇〇年一月に発表された総務庁の第六回調査では「自国のために役立つことをしたい」というのは四九%にとどまり、十一か国中の十番目。政治に関する関心度も八番目と低い。このように、社会への参加意識が低い一方、就職など身近な問題への関心は強い傾向が浮き彫りになった。

未来を担う若者が自分の殻に閉じこもっているだけでは先行きが心配になる。どんな時代でも社会の閉塞状況を打開したのは、若い力ではなかったのか。創造、挑戦、冒険などのキーワードは若い人のためにある。

第四章

死生観の変化

◆「さっさと生きて、さっさと死にたい」

最近の子どもが、保健室で「さっさと生きて、さっさと死にたい」と言うとのことであった。一番生き生きとして生きるべき子ども、この子どもたちに青春がない、思春期がない、生きていくエネルギーが非常に乏しい。

また、子どもの死（自殺、他殺）を考えてみると、子どものなかの死生観（死ぬということ、生きるということ）と自殺、他殺がおおいに関連する。

子ども社会は大人社会を反映するが、最近の日本では大人の自殺がやたらにあり、これでは子どもに「死ぬな」と言えなくなってきたことは困ったことだ。

私は子ども社会の死生観は、三年ごとぐらいに大きく変わると考えている。六年前の話など通用しない。たとえば、あの湾岸戦争。この戦争の意味は「日本の茶の間で居ながらにしてテレビで初めて実際の戦争を観戦できた」ということだ。ピンポイント爆撃と称して、ロケット弾が、イラクの建物の中にスーッと入っていく。そんな光景を見て、精神的に未熟な子どもたちは、何とも知れぬ爽快感を得こそすれ、その建物の中でどういう惨劇が起こっているかということを考えなかったにちがいない。いや、大人の我々でもほぼ同じ心理状態だったのではないか？

それから数年して、我々はロケット弾に被弾した建物の中のような惨劇を実感した。阪神・淡路大震災である。

そして、我々日本人は、今度はコソボの惨劇を茶の間で居ながらにしてテレビで観戦した。湾岸戦争の時とコソボの今とではいささか、死生観、戦争観が違うのではないだろうか？

一九九七年に起きた神戸市須磨区の連続児童殺傷事件、奈良県月ヶ瀬村、福岡県春日市での少女殺害事件なども死生観の変化に関わった。

◆メディア、ゲームの影響

メディア、たとえばテレビを一日中見てみたら、大変な血を見ることになる。実際の事件やドラマという形ですべての局での放映をビデオに録画して、後で全部見てみたらどれだけ血が流されている場面を我々が見ていたかを理解できる。人間の死に関わって、テレビ、劇画、コンピュータゲームなどを含む視覚メディアに「被爆」している子どもの中に「仮想と現実の混同（バーチャルリアリティ）」が存在し、子どもは「一度死んでも生きかえることができる」と考えているように思える。完全に実感を伴わない形で、バーチャルリアリティが、我々（とくに子ども）の中に形成されているということである。

今でも愛知県の大河内君を死に追いやった、あの加害者の子どもたちは「自分たちが何をやったのか。大河内君のご家族がどんなに苦しんでおられるか」わかっていないだろう。加害者の子どもたちの方はゲーム感覚でも、被害者の子どもにとっては深刻な問題となる。

◆大人の自殺

最近の日本の大人の自殺の流行も、死によって事態をあいまいにしたり「責任をとった」ような錯覚があることは不幸なことだ。カソリックのように「自殺は罪悪」というはっきりした宗教を持たないこの国の悲劇だ。無論、自殺と自殺願望の間には断絶があり、大人の自殺でも「勇気」ではなく「混乱」が生じた時に死ぬと、精神科医の私は理解している。が、やはり死んではいけない。周囲が本人の苦痛を理解し、受容してやって、けっして死に追いやる結果にしてはいけない。

十代で抑うつ神経症に罹り、自殺願望に苦しめられ続けた私には黙視できないことだ。死を軽々しく口にしてはいけない。

身近なことで自殺願望を考えよう。私のカウンセリングルームでは、今まで自殺は絶対出さないという決意でやっていたが、最近、世の中の趨勢には勝てないのではないか、私のところでも自殺者が出るのではないかと思うようになってきている。たとえば、ルームには、初めはお母さんやその他の人が来る場合が多く、その後、子どもが「登場」するケースが多いが、子どもが最初に来た時に、カウンセリングの一番最後に「ぼく、ところで死にたいと思うことがある？」と必ず聞くことにしているが、返事の八割か九割は「死にたいと思うことがある」と言う。このように浅い深いの差はあるが、子どもは自殺願望を持っている。

そんな時は「まあ座りなさい。死んだらいかん。君は死んでそれでいいかもしれないけれど、後に残された者は君の死で一生、傷つく。一回しか会ってないのに、私も一生、君のことを思い、ずっと傷ついていなければならない。だから、私のためにも絶対死なないでくれよな」と言う。自殺願望が強固な場合には「どうしても死にたい時は『きれいに』死んでくれ、私が死に方を教えてやるから」と言って、二年間も死ぬ話ばかりしていた子どもがいた。

私のカウンセリングルームに来る子どもの多くは「〇〇自殺マニュアル」を読んでいる。

植物状態になると、若い人は大脳皮質は腐って脳幹、呼吸中枢、循環中枢が二年でも三年でも働いて生きているわけだかから、周囲は心身の消耗に耐えられない。だから、私は子どもたちに「私が自殺を図ったら、年齢から考えて一か月ぐらいで死ぬだろう。だが、君たちは若いから大変なことになる。周囲の人たちの苦しみはたいへんだよ」と説明する。

次にカウンセリングをしていて、しばしば子どもが私の顔をじっと見て「先生、何のために生きてるの？」と聞く。毎日毎日「生きている意義」なんて考えて生きているわけではないので「何で生きている？」と聞かれると私も困る。初めは、哲学の本を一生懸命読んでみたが難しくて役に立たない。そのうちに参考になる内容に遭遇した。フランクルというオーストリアの精神科医の「三つの生きる価値」という思想である。この精神科医は、ナチに逮捕されて強制収容所に入れられた。

また、戦後「夜と霧」という著書が世界的なベストセラーになったことでも知られる。「アンネの日記」などを読むとわかるが、強制収容所では毎日のように収容者がガス室へ送られていく。「今日は自分か、明日は…」と思う。裏切りや喧嘩などいろいろな醜いことがある。こういう中でフランクルは「人間は、何のために生きているのだろう」と考えた。そして「三つの価値」という考えに到達した。訳文は難解なので私なりに要約すると、まず、第一は**創造価値**という概念で、「創る」ということ。たとえば子育ては創造である。これに参加している教育、家庭、地域、こういう活動はすごく価値のあることである。不登校の子どもに粘土細工をさせたりすることは、創造価値を認識させる意味を持っている。

第二番目が**体験価値**という概念である。人間、三六五日楽しい日ばかりではない。家庭で夏休みなどに、夫婦が子どもをおいて旅行に出かける。そこで温泉に浸かりホテルの縁側から空を見ていると、夕日がちょうど沈んでいく。それを見た時に「ああ生きててよかったなあ」と思う。また、生きているといろいろと憂鬱なこともある。そんな時、ふらっと喫茶店に入ったらすばらしい音楽が流れており、それを聞いた時に「ああ生きててよかったなあ」と思う。三六五日の中に、そういう日がある、これが体験価値であるという。それが生きる意味だ。

第三番目に**態度価値**がある。これは「生きている」という「その事実」に理屈抜きで価値がある」という概念である。たとえば、両手、両足を失った障害のある方が、ベッドの上で「自分が何のために生きているんだろう」と思う時、絶望的になる。

あるいは私は痴呆病棟に六年半、週の半分勤務したが、よく看護士、看護婦に「先生、この人（痴呆老人）たち、自分自身も誰だかわからないのにどうして生きているんですか？」とまるで生かしている私が悪いように責められた。このような時に、この態度価値、すなわち「生きていること、その事実に理屈抜きで価値があると思えば、ご老人たちが生きていることに意味がある」と思う。

◆事例①――増える軽症うつ…心身のエネルギー低下

「先生、このごろ、頭がぼーっとして何だかやる気がしないんです。親は、僕が怠け者だからだと言うんですが」と高校生が訴える。

「精神科医の辞書には、怠けとか怠学とかいう言葉はありません。やる気がないのは、自律神経失調症とか、うつ状態とかの精神科の病気であることも多い。精神科医、診療内科医などの専門家を訪ねてみたらどうですか」と私は答える。

うつ状態は、心と身体の両方の「生きるエネルギー」の低下、つまり「油ぎれ」の初期であることが多い。気分の落ち込み、不眠、食欲低下、だるさ、もの忘れなど、その症状は多様で、各種の医学的検査をしてはじめて診断がつく。最近は副作用のない良い薬も使えるから、早期診断、早期治療が大切だ。

また、心の不調和はストレスが引き金になることが少なくない。若者の場合は、たとえば不登校、いじめ、高校中退、受験、失恋などが要注意といえる。

うつ状態に陥りやすい人は、環境の変化に弱いと言える。会社での昇進、自宅の新築といった良い変化の場合も、失恋、肉親が亡くなるといった悪い変化の場合も同じように引き金になりうる。

最近は自律神経失調症や軽症うつが、若者に激増しているから注意が必要だ。

「先生、勉強意欲がないし、机に向かうと頭痛がするのに、放課後のバンドの練習のときにはピタッと治まるんです。これって仮病でしょうか?」こんな質問も、よく受ける。

私はやはり「精神科の辞書に仮病という言葉はありません」と答える。

このように、怠けや仮病といった言葉は、日常生活で何気なく使われるが、その背後に心身の不調和が隠れていることが多い。心身の不調和を感じたら、まず専門医の診察を受ける習慣をつけたいものだ。しかし、このごろ、「先生、この子、医者嫌いで」という親の訴えが多いのが気になる。「医者通いが好きで好きで…」などという子どもはいないだろう。しぶしぶでも通院を始めれば、早期診断、早期治療につながる。少々のことで、すぐ医者に駆けつける心配性の親も困るが、心の病に関しては、少々のことかどうか、素人には判断できないからやっかいだ。それを打開するために、心のファミリードクターや学校医が、どの家庭や学校にも存在するような社会が早く来ることが望まれる。

◆事例②――うつ病と完全主義…「ゆとり」をもたせてこそ

自律神経失調症やうつ状態の若者が、驚異的に増えている。その背景には、最近の不透明な日本の教育状況や不景気がある。そこで、うつ状態についてさらに述べてみよう。

「うつ病にかかりやすい性格ってありますか?」と、よく聞かれる。

ある外国のうつ病研究者によると、うつ病者の性格的特徴は「自己と世界と未来を否定的に見る」ことであり、その要素には、独断的推論、選択的注目、行きすぎた一般化、過大視と過小視、完全主義などが挙げられるという。

これを要約すれば、まじめすぎるキッチリ屋さんで、物事をすべて理詰めで片づけようとする思考と行動パターンが特徴ということになる。キッチリ屋さんだから、自分が計画通りに行動できないとイライラする(自責的)。同様に、他人がノラクラ行動しているように見えるのも許せない(他罰的)ので、自責と他罰の間を行き来する思考パターンになる。これを、うつの攻撃性という。「まあいいじゃないか」と自他を許す寛容さの欠如だ。他人は自分の思い通りにはならないから、そのゆとりのなさが自分をむしばむ。

最近、大学受験で苦しむ若者の相談がめっきり増えた。何年も受験に失敗していたり、その間には、どこも受けられない年もあったりして、「このままでは永遠に合格しないのではないか、合格しても学友と年齢が離れすぎているので友だちになれないのではないかと、不安ばっかりで落ち込むんです」という訴えが多い。

これは、うつ病者の特徴である「自己と世界と未来を否定的に見る」「広範囲の事柄をわずかの経験から結論づける(行き過ぎた一般化)」に当てはまる。

大学受験で苦しむ若者の多くが、小・中・高校の受験に失敗しており、幼いころの失敗がもたらす心の傷から「勉強は善、遊びは悪」という脅迫的なモットーにがんじがらめにされていることが、驚くほど多い。この背景にも、うつ病者に特有の「黒白をつける考え方」（完全主義、二分法的思考）を見てとることができる。

文部科学省は公立の中高一貫校の新設などで「ゆとりある教育」をめざしているが、国民の中に根強い高学歴指向や大学の序列化を伴わせて考えなければ、実現は難しい。少子化時代の今こそ、子どもたちを強迫性から解放し、「ゆとり」を持たせ、若年化するうつ状態に歯止めをかけるチャンスかもしれない。

◆事例③――うつ状態に理解を…「まず休め」と言ってほしい

「先生、私、この仕事に向いてないような気がしてきたんです」今春、大学を卒業し、企業に就職した女性が、こう訴える。

彼女とは長い付き合いになる。大学受験に失敗したのをきっかけに、数年間さまざまな心身の症状に悩まされ続けた。が、遅ればせながら大学に合格すると、自分の適性を探りつつ課外の勉強にも精を出し、遠方からカウンセリングにもきっちり通ってきた。この不況の中で次々に就職試験に合格、留年もせずに就職した。私も、ひそかにやれやれと思った矢先だった。

「仕事がきつくて帰宅後、ひたすら寝るといった毎日です。会社は私を使い捨てにするんじゃないかなんて疑いだすと、眠れなくなったり、すぐ目がさめたり。重い体をひきずるようにして会社へ行くと、上司の小言が待っている。そんなときは、上司を殺してやりたくなるんです」

明らかに不適応状態の始まりだ。学校なら休むこともできるが、就職でのつまずきは、会社をやめる以外に逃げ場がないので「毎日が地獄」になりかねない。会社も、個人の事情を考慮するには限度がある。まして入社したばかりの新人の事情や心身の症状について、上司が十分に理解するのは、きわめて難しい。たとえば、骨折や虫垂炎といった体の不調なら、だれでも理解できるし、それを理由に休んでも解雇されることはまずない。けれど、心の不調の場合は、人によって理解度は実にさまざまだ。

最近、遭遇した多くの閉じこもりの若者たちは、このような事情で会社から閉じこもり、それが社会からの閉じこもりに発展していった。だから、彼女に対しても「辞めるにしても、次の就職の当てを見つけてからにしようね」とアドバイスするべきなのだが、その前に症状が極度に悪化したらという心配が消えない。実際にあと一週間、退社が遅れたら、取り返しがつかないことになっていたと思われた事例もあった。

大企業の管理職になった同窓生に私が贈る言葉は「社員の中には、うつ症状の人が必ず数人はいる。元気がない社員を見たら『おれの責任で不利にならないようにするから、まず休め』と言ってやってほしい。間違っても『元気を出せ』『今日は景気づけに一杯やろう』なんて誘ってはだめだ」というものである。

就職したての彼女のような事例に遭遇するたびに、管理職が全部、私の友人であったらなどと、途方もないことを考えてしまう。

◆事例④──「死んでやる」と脅かすんで困ります

「うちの娘は、親がなにか小言めいたことを言うと、死んでやると脅かすんで困ります」とか「なにかあると学校をやめるぞと脅かすんです」とカウンセリングにきた親が訴える。

この一年、あらゆる学校問題は軒並みよくない記録を更新した。非行、薬物乱用、殺人、強盗、性犯罪を含む犯罪、不登校、高校中退、いじめの増加であり、薬物使用、性犯罪にいたっては教師をも巻き込んでいる。この根本原因は、日本の大人社会の腐敗や高学歴指向社会の膿が吹き出したことが大きい。

親は自分の子どもが勉強していさえすれば安心する。「いい」学校へ進学すればもっと喜ぶ。また、当然のことながら、親は自分の子どもに死なれるのはこわい。実際、子どもの自殺は後を絶たないし、一昨年と昨年には、今まで日本ではあまり例のなかった焼身自殺がみられた。

何年か前の小学五年生の焼身自殺の場合、雑誌によると「母親にしかられて？」と見出しにあり、私のコメントを掲載した。

自殺した子どもには聞けないので真相は不明だが、この記事を読んだ親たちは「うっかり、わが子をしかることもできない」と思ったにちがいない。

昨年の夏休み明け直後、中学生数人が自殺したが、この場合は、夏休み中になにかあったとしか思えない。たとえば、宿題がまとめられなかったとか、夏休み前にあった学校の人間関係のギクシャクが放置されたまま夏休みにはいり、そのことを苦に、ということも考えられる。

昨年、一時期「自殺予告」が流行した。「～を中止しなければ私は死ぬ」という匿名の電話が学校にかかってきて、学校がテストや行事を中止せざるを得ない事態になったり、こわごわ実施して予告された自殺がなくホッとしたりした。

第五章

「心の教育」の進め方

◆いじめとの向き合い方

真の「心の教育」をどうすすめたらいいのだろうか。

大人が「子どもや若者の群れるところに必ずいじめはある」ということを日常、頭に入れておけば「いつもと違う」状態は見逃さないで済むだろう。

いじめとどう向かい合ったらいいのだろうか。

・まず、徹底した自覚（人権感覚・この国の子ども社会に対する危機意識）を大人たち自らが持つこと。そして、この自覚を子どもたちに徹底させること。

・大人たちと子どもたちの死生観がまったく異なることを認識すること。

とくに、いじめられ自殺を現行法規の範囲内で防止できる具体的な方法はないだろうか。

まず、私が『防衛的不登校』と呼んでいる「いじめられていると教師や家庭が気づいたら最低一か月、学校を休ませる」方法である。

防衛的不登校の内容は私の発案ではないが、このような処置を学校側が積極的にとれば、家庭は安心してわが子を休ませることができる。

いじめ死を防ぐもうひとつの具体的な措置は、いじめが起こっているという情報を家庭や学校で把握したら、校長はその日のうちに、放課後、たとえ十分でも臨時職員会議を開き、校長は「校内でいじめが起こっているという情報を得たので、先生方は、何か心当たりがないかよく振り返っていただいて、明日、長時間の職員会議を開きますので報告してください」と告げて、翌日、長時間の職員会議を開き措置を検討する。

次の具体的な措置は、生徒手帳に「いじめは重大な人権侵害であり、いじめた生徒は厳罰に処する」という一項目を入れ、校長は入学式の日に壇上からこの一項目を読み上げ生徒と約束する。

こうして、生徒と約束し、そのことを承諾した上で入学すれば、いじめた生徒は出席停止になっても唐突ではないので混乱が起きない。ただし「出席停止は教育放棄」だと主張する方もいるので、出席停止自体の論議は父母も含めて日頃から行っておく。

以上はいじめの例だが、いじめでなくても人間関係（生徒対生徒、教師対生徒）の悪化が激増していることを考えれば、現行法規の範囲内で考えられる具体的な措置は「クラス変えのない年度をなくす」ことによって、悪い意味で膠着状態になってしまった人間関係（生徒対生徒、教師対生徒）を、生徒を傷つけないようにいじめに関わる者だけでなく、他の生徒も含めて自然な形でクラス変えを毎年行う。無論、大幅なクラス変えを行う年と小幅なクラス変えに留める年があってもよい。

「心の教育」は家庭や自分の子どもが通学している学校で行うものだが、現在は「心の教育」

に限らず、その学校に自分の子どもが通学していない校下の住民は、その学校がどのような目的でどのような活動をしているか知らされていない。学校新聞を町内会の役員会に一部渡し、役員会は増し刷りして各町内会の回覧板に添付して、校下の住民全体がその学校の活動を日頃から知っておくと地域の声や意見も聞ける。深刻な問題が起こった時、住民が意見をのべられるようにすることも大切だ。すなわち「地域に開かれたら学校」となり、学校の「密室性」がなくなる。

◆「心の教育」に対する展望

「心の教育」に対する私の長期的展望を持った措置を述べよう。

大河内君の自殺に続いて、多くのいじめられ自殺が起こった後、後に述べるような内容の提案が元大阪大学の柏木教授などを中心に行われた。ここ一年に私のカウンセリングルームでは多数の自殺願望、自殺未遂、自殺予告もあり、約八〇〜九〇%のクライエントの子どもや若者が程度の差はいろいろだが自殺願望を持ち「死にたい」という言葉を口にする。「『死にたい』というあなたの言葉は、私も含めて両親や周囲の人々を脅かす。絶対に口にするな」と私は厳しく注意しているが、それ以外の『私のDeath Education（死の教育）』をどうやっていけばいいのか、私は考え続けている。

　このカウンセリングルームのクライエントの中で、それまで何もせずゴロゴロ寝ていた若者が、阪神大震災の被災地でボランティア活動をしている間に生き生きしたという話がある。このような体験もヒントになる。

　具体的な措置は、先に加害生徒について、「大人たちをも含めて『傍観者は加害者たちだ』という徹底した自覚（人権感覚）を大人たち自らがまず持ちそれを子どもたちに徹底させることであり、被害生徒について児童精神医学の立場から、小倉清関東中央病院神経精神科部長の「私は四歳ぐらいで自殺を考えたという人たちを何人も臨床でみています。実際にそれを企てたという人もいます」という発言に続いて「…私の意見は少し先鋭かもしれませんがそもそも子どもは、皆、死と隣合わせに生きているのではないかと考えています」と述べている。学校内で心の問題に深く関わる養護教諭の立場から高田公子東京都教育委員会指導主事(元養護教諭)「子どもたちの生きるという意欲がだんだん薄くなってきているというふうにも考えられます…『さっさと生きてさっさと死にたい』という、そういう気力がないというか、将来に早く見切りをつけて長く健康で生きようという気持ちが薄らいできていることが一番心配です」という発言を紹介し、私は「現代日本の子どもや若者の生きるエネルギーが低下しており、生きていても虚しいという危険な兆候が蔓延していると強く主張すると述べたが、このことに対する長期的展望を持った措置を述べよう。

家庭や学校で工夫して子どもや若者に死の意味を考えさせ、生命の尊さを学ばせるための「私、そして私たちのDeath Education（(死の教育)」を行うことが、自殺未遂、自殺予告、自殺願望などを子どもや若者の心から追放し、生き生きとした人生という航海をするための羅針盤（長期的展望）となるだろう。

◆「死の教育」を考える

平成七年一月五日のY新聞夕刊は「子どもたちに死の教育を」と題して、次のように報じている。

[子どもたちに死の教育を]

いじめによる小中学生の自殺が相次ぐなか、死の意味を子どもたちに考えさせ、生命の尊さを学ばせる「死の教育（デス・エデュケーション）」を導入しようという声が高まり、医学、教育関係者らの間で「デス・エデュケーション学会」設立の計画が進んでいた。

欧米では小学校から行われているが、死をタブー視しがちな日本では、ほとんど教育現場で採用されなかった。しかし、核家族化で肉親の死をみとる機会が減り、テレビなどで「仮想現実化された死」に慣れ、死や生命の重みを実感できない子どもたちが増えていると心配され、ここ数年、その重要性の認識が強まった。

淀川キリスト教病院（大阪市）のホスピス長だった柏木哲夫・大阪大人間科学部教授が担当する臨床老年行動学講座は、「老い」と「死」を教える全国の大学で唯一の専門講座である。学会設立は同教授や「生と死を考える会」会長のA・デーケン上智大教授（哲学）らを中心に検討されている。

柏木教授は「日本人全体で八〇％、がん患者の九四％が病院で死ぬ時代。自らがどのような死を選択するか、しっかり死を教育しておかないと、死に直面した時や死をみとる時にどう対処すればよいかわからなくなる」と指摘する。

◆死を招くいじめ事件

さて、子どもの群れるところにいじめは必ずあり、現代のいじめは学校での人間関係の悪化であり、大人社会の人間関係悪化の学校への反映、「心の時代」に逆行した大人社会の「心の貧しさ」の子ども社会への鋭い反映であり、学校での人間関係の悪化は、最後にいじめ殺し、いじめ自殺という形で突如「噴火」し我々を驚かす。

いじめが問題化するのは、いつも死者が出てからである。一月から山形県、新庄市の中学校の「マット殺人事件」があった年は、「いじめ死元年」と呼べる。この「マット事件」をはじめ、愛媛県の松山市、栃木県、大阪府、北海道など全国でいじめが原因の「死」が多発した。

いじめが原因の自殺はこれまでにも数多くあったが、最近ではこの年のように連続でいじめ自殺があり、また学校内で、非常に残酷な形で殺されたことが多かった年はなかった。新庄の事件は、学校で子どもが死に、その真実すら不明という結末に終わっており、これは現代教育の抱える困難さを鮮やかに表現している。「死を招くいじめ事件」が続く中でも「いじめは減っている、新たな通知は出す必要はない」「いじめは減って、不登校が増えた」などと世間は神話を信じこまされたが、文部科学省の意識調査の結果、昨年の暮れに中学生のいじめは、不登校、暴力とともに増加していることを認める発表をした。翌日の新聞には「担任がいじめ発見の端緒であるのは全体の三分の一、頼りがいない教師像浮き彫り？」とあり、いじめが陰湿化し、大半は地下に潜航し見えにくくなっており、教師がいじめだと発見できるものはすでに『末期的症状』であり、その背後に見過ごされ、泣き寝入りしている膨大な数のいじめがあることが確実になった。

同時に同省はこの現実に愕然とし、あわてて担任や個々の教師に責任と自覚を促す『異例の通知』を出さざるを得なくなった。「死を招くいじめ事件」は文部科学省のこのような一編の通知で減少が期待できるような問題ではなく、ゆがみきった偏差値重視の日本の教育と、それに毒された子ども社会の急激な変容の象徴であり、それを放置し続けたことの当然の「つけ」とも言える。

いじめは受験体制（高学歴指向社会、偏差値至上主義）と分かちがたく結びついて、社会の病い、学校の病い、家庭の病いを生み、これら三つの病いが「ないまぜ」になって子ども社会を著しく変容させている結果、高校中退や不登校が激増し、学校で起こる死を招くいじめの土壌が形成され、この国の子どもや若者をむしばんでいる。

◆娘へのいじめ

この不幸な年に、たまたま私の娘の怜が、自分が受けた長期にわたるいじめられを『私のいじめられ日記』として出版した。親友と信じていた三人の同級生の女子がひそかに示し合わせて長期間、怜をいじめていた。いやがる怜を階段に立たせ、生徒を観客に見立てて歌を歌うことを強要し、教室の移動時に三人分のものを持たせ、頭からお茶をかけ、頭髪をグチャグチャにかきまわす、はては三人がかりで腕をねじあげて蹴るなどされたために、ストレスで腹痛を起こし学校を休んだ時に、怜の親友に「ツッチをいじめておいてよかったな、もう学校に来なければいいのに」と言ったのである。

この事件は、私たち親にとって心の痛む事件であったが、「いじめ」と親が確認し、学校（担任）へ報告してから学校がとった一か月以上にわたる処置は、目を蔽うばかりの非教育的かつ非常識なもので「人間のあり方の次元の問題」としてデタラメであった。

担任はこのいじめを、朝のあわただしい学年全体の教師の打ち合せ会で報告し「教育は中立であるべきだ」という「判断」や「アドバイス」を教師たちから受けた。延々四か月にも及ぶいじめの報告をし、それに対するアドバイスを受けるまでの時間は正味五分にも満たなかった。この教師たちの判断やアドバイスが担任の対応を誤らせ、担任はまず加害者三人と、怜と怜の親友を同時に呼び、加害者三人を隣室に置き、怜の親友に証言を求め、彼女が動揺しないとみるや「いじめる気はなかった」と加害者に言わせ、三人と怜との「手打ち」を図り失敗した。

その後、担任は怜を無視しだし、あずかった「いじめの証拠」の品を返さず、はぐらかすに及んで怜は「あんたなんか教師じゃない。バカ、バカ、バカ、恥知らず！」と言い、学校をとび出すことになる。

一方、この事件の公開を極度に恐れた校長は「聞いた以上は責任持って事態をよくしたい」

と約束しながら、長い月日を経た後も何もしていないばかりか、経過報告を担任に文書化させることや、怜の手紙を担任に見せることさえ拒み続け、担任を「悪かばい」し続けた。この経過を知った京都市教育委員会は環境整備を図ったが、校長、学校はその後も自己浄化をしなかったため、やむなく私たちはいじめ事件を怜の日記出版という形で公開することに踏み切った。

『私のいじめられ日記』の出版のことが新聞に掲載された直後、新庄「マット殺人事件」をはじめとして、全国でいじめが原因の「死」が連続して起こった。幸いにして私の娘は生きているが、この本が世に出るまで怜の周囲に起こったさまざまな出来事を経験してみて、私や家族は「子どもがいじめられて殺される」という悲劇がどういう経過で起きるのかを身に染みて感じた。

怜の「いじめられ」には大きな特徴がある。確かに最初「いじめ」たのは、三人のクラスメイトであるが、いじめが明るみに出てからこの「いじめ」を隠し、強化し、いじめの前面に登場したのは、自らの過ちを認めずその過ちを雪だるま式に大きくしていった、学校の一部教師の集団であった。怜は最初から卒業するまで一度もいじめられた内容を学校から聴取されていない。もう一つの特徴は「十三歳の少女が自分のいじめられ体験を日記にし、出版する」と新聞に報道された直後に新庄の「殺し？」が起ったことの影響で、出版以前からマスコミに大々的に取り上げられ、推定では全国で七千万人が『私のいじめられ日記』について知り、出版元の青弓社に連日数十本の電話がかかり、各マスコミには山のような手紙が来るという推移の中で、さまざまな憶測が生まれ、怜の学校や地元でも本を読んでいない人々が推測だけで「ものを言い」大騒ぎになった。

この経過は、現代のいじめの本質を理解する上で、大変教訓的であった。寄せられた五〇〇通の手紙をもとに、私が精神科医として現代のいじめの解明を試みた『五〇〇人のいじめられ日記』『いじめないで！私たちのいじめられ体験』（共に青弓社刊）が生まれた。

『五〇〇人のいじめられ日記』で私が予言したように、翌年には連続して、五月二十九日、岡山県でいじめ自殺が起きたのに続き、六月三日には愛知県、七月五日には東京都、七月十五日には神奈川県、八月五日には再度岡山県で「いじめ自殺」が起こるというように、短期間に連続して「いじめ自殺」が起き、前年、前々年、北海道で同じ学校で二度「いじめ自殺」が起こったのに似た現象となった。

そして、どの事例でも「いじめ自殺」が起こる前の学校の対応のずさんさ、起こってからの学校の「せりふ」も相も変わらず同じで、こういう傾向を放置すれば、これからも「いじめ自殺」は際限なく続くと思う。

現在、いじめの扱いやいじめ論にはさまざまな混乱がみられ、「現代のいじめ」の理解は難しい。私が『五〇〇人のいじめられ日記』で明らかにしたように、文部科学省のいじめの定義とそれに基づく「いじめはひと頃より減った」との主張や、いじめ裁判の結果（たとえば「マット殺人事件」の決定）が災いして、世間の多くの大人が「現代の死をもたらすいじめ」を自分たちが子どもの頃経験した「昔のいじめ」と混同しており、この混同が安易さを生み、いじめられた子どもをやすやすと死なせる重要な一因となっている。

◆司法の問題

いじめの扱いやいじめ論にはさまざまな混乱がみられ、「現代のいじめ」の理解を難しくしている責任の一端は司法にもある。その代表的な事例の一つが、「マット殺人事件」における山形家裁の審判と仙台高裁の決定との不整合であり、もう一つの不整合は「葬式ごっこ」で有名な「鹿川君事件」の時代錯誤的な一審判決と昨年の東京高裁の判決だが、この点についての詳細は割愛する。

その責任の一端は司法にもある、といっても過言ではない。司法による「いじめ死」の扱いがどのようなものか、ここで、拙著『五〇〇人のいじめられ日記』でも詳細に述べた山形県、新庄市立明倫中学校で起きた「マット殺人事件」を振り返ってみよう。

このいじめられ死（多分、他殺）では、明倫中学校の露骨な「いじめ隠し」が行われた。「マット殺人事件」（多分、他殺）と述べたのは、この事件はいじめ死の中で自殺ではなく、たった一例だけ殺人と思われる例だからだ。

マットの中へ「自分から入っていくなんてことはありえない」というのは司法をはじめおおかたの見解で、それゆえに「五〇人ぐらいの体育館にいる生徒はそのことを知っているに違いない、ということで追求したが結局はあいまいになった。いじめられ死が起きると学校関係者で「いじめ隠し」が必ず起こる。あの明倫中学の「いじめ隠し」は抜きん出て露骨なもので、先生が菓子折りを持って家庭を訪問し「あまり不完全なことをマスコミに言わないでくれ」と言った。

大河内君の東部中学の場合も、「あまり不完全なことをマスコミに言わないでくれ」と、校長をはじめとしてたびたび父母に要望している。

いずれの場合も、もし学校に何の落ち度もなかったら、警察の捜査の時、父母に自由に発言させ徹底的に調べてもらったらいい。

学校の露骨な「いじめ隠し」が行われたことも災いして、これらの事件は真相があいまいになり、結局、事件の経過は一九九三年八月の山形家裁の審判の決定で、当初、主犯的と目されていた三人の少年は無罪とされ、そしてむしろ脇役とされていた三人が非行ありとされるという不整合が注目され、この不整合をめぐって、少年法の見直しが必要ではないかとの論議も起こった。

その後、少年側から抗告を受けて十一月に仙台高裁が出した決定の中で、高裁は慣例を破って、すでに無罪が確定している三人にもわざわざ触れ、その三人の自白の信用性に疑いがあり、そのアリバイは信用できないとし、事実上、事件関与を認める判断をした。

その後、一九九四年十月十四日、山形家裁が先に非行ありとされた三人の少年たちの保護処分取り消しの申し立てを棄却した。山形家裁の棄却決定理由の中で裁判官は、遺体の傷について「暴行によって生じたとしても矛盾しない」とした上で「マット室の状況から過失によりマット内に落ちたとするのは不自然」とし、捜査段階の自白についても「任意性、信用性ともに認められる」とした。

この段階で山形家裁は児玉君の死は事故死ではなく、暴行によるもので、少年たちが関わったと家裁は判断したのであり、このうえ弁護団が仙台高裁に抗告しても訴えが認められる公算は少なくなったと各新聞は報じていた。

司法によるこのような一連の「いじめ死」の扱いを納得する人がいるだろうか。責任の一端は司法(裁判官)にもあると言っても過言ではない。

司法によるこの事件の扱いのもうひとつの特徴は、前著でも述べたように山形家裁の審判の決定でも、仙台高裁の再審でも、内容の中に「いじめ」という文字が見当たらず、「非行」という表現に終始した。

その後、今日まで、この事件に関わるいずれの審判の決定でも「いじめとは」ということには一言も言及されていない。いわゆる「葬式ごっこ」を「エピソード」と言い、いじめが子どもの精神的、社会的成熟をもたらすかのようにみなした「鹿川君事件」の時代錯誤的な一審判決と、それに対する世の激しい批判を熟知している裁判官たちの意識的な「逃げ」であると私には思える。

前著で「再抗告を受けた最高裁は、今度こそ、避けることなく、『慣例を破って』でも自己のいじめ観を国民に明らかにして欲しいと切実に思う」とした私の切望はかなえられなかった。

また、「いじめは減った」との主張がなされ続けたために、不登校のように諸分野での研究が今まで蓄積されていない。学校が同じように関わる問題でも、いじめは「昔のいじめ」とか「現代のいじめ」という言い方が必要になる。いじめは昔からあるため「自分たちも子どもの頃にはいじめられて強くなったじゃないか」との俗耳に入りやすい言説がまだ世間に根強く残っている。そのようななかで「いじめでなぜ死ぬのか」という「現代のいじめ論」の確立が、急務である。

◆現代のいじめ

現代のいじめを考える場合、いくつかの視点が必要になる。まず、現代のいじめの構造を「子ども社会の急激な変化」という観点から理解すること、次に、家庭や学校で人権教育の課題として考えること、最後に現代の「死に至るいじめ」を「うつ状態」から自殺に至っていく精神医学的な「死」の問題として解明し、理解することである。これらを混同してしまうと、学校でいじめのために多くの子どもが死んだことも「死の予見は不可能だから仕方がない」（昨年の鹿川君の「いじめ自殺」の控訴審判決は、自殺の予見可能性は認められないとした）という「法」にもたれかかり、「子どもを死から守る」という学校や家庭の課題を放棄することになり、「いじめ死」はこれからも続くだろう。

子ども社会の急激な変化といじめとの関連の例をあげれば、今、欲求不満がうっ積した現代の学校で子どもは生き生きできず、どの子もいじめの加害者、被害者になり得る。また、最近のような受験トレーニングが目的でのハイテクノロジーが駆使される状況の出現で、生徒は限りなく「もの覚え機械」に近づき、心身のストレスは膨大になり、これもいじめの土壌になる。受験体制が子どもから遊びを奪い、遊びの質も変化した。

学校外の塾通いなどで時間や体力が消費されることも直接の原因だが、子どものタテ社会も消えつつある。かつては異なった年齢の子どもが集う地域での遊びで、子どもは対人関係を身につけていったが、今は複数の子どもが集まる時間や体力があって家で友だちと遊んでも、一人はテレビゲーム、一人は漫画、一人は音楽とバラバラに遊び、それぞれが「透明な繭」に包まれ、人間的な肌の触れ合い、生の人間関係がないため対人関係が成熟しない。

そんな子ども社会のなかでは、何が正義なのか、自分はこれでいいのかなどを真剣に考える「青年期」が、すっぽりと抜け落ちていく。過剰なメディアに曝され続け、テレビやテレビゲーム、漫画の中で湾岸戦争を茶の間で観るように、毎日、多くの人間の「死」や「殺し合い」を「経験」している状況では子どもの死生観はゆがんでいく。

危機にある現代教育のなかで、いま最も必要なことは子どもの世界の激変を厳粛な事実として見る目を持つことである。

このような子ども社会の激変を背景にした現代のいじめの構造を、私は［一］（いじめられる側）対［複数］（いじめる側）対［多数］（傍観者）の「三角構造」と規定している。複数が一人の人間を執拗に陰湿に攻撃するのである。

しかし、これだけでいじめが「死に至る」ことはない。［一］対［複数］の周囲に傍観者という［多数］がおり、この［多数］が「死」に大きな意味を持つ。いじめを知っていて、傍観している大多数の子どもたちこそが、まさに今のいじめの構造の中心に位置する。

不登校では、よく「うちの子に限って」と言われるが、いじめが起こっているクラスでは、子どもはいじめられる側、いじめる側、傍観者、この三つのどれかに必ず入る。

また、学校へ行かない「形として現われる不登校」と違って、いじめは水面下の行為だから、泣き寝入りするケースがほとんどである。不登校、高校中退といじめの関係は、いじめが減ったとか、不登校が増えたという流行の話ではなく、前述した受験体制がもたらす教育の「あだ花」として同じ根っこを持っており、これは子どもの一部と大人で形成され、閉鎖的になりがちな学校社会の中で起こる「教育の危機」「教育の死」である。

私が精神科医として声を大にして言いたいのは、「最も安全であるべき学校で、生徒を死なせたら教育は敗北だ」ということだ。「死に至るいじめ」を「うつ状態」から自殺に至っていく精神医学的な「死」の問題として把握するには、まず「うつ状態」の理解が必要であり、次に「いじめられ」に限って学校はけっして安全な場所ではなく「戦場」であることを知ることである。学校で「いじめられ」て孤独に戦い続けることは、その子に莫大な心身のエネルギー消費を強いる。その戦いの結果として、「生きるエネルギー」が枯れてしまうことを「うつ状態」といい、容易に自殺願望に傾く。

◆わが子のいじめられの「サイン」

わが子のいじめられの「サイン」としては、「登校を、しぶる」「朝起きなくなる」「食欲がない」「元気がない」「洋服や身体表面にあざなどをつけて帰る」「理由のない成績の急降下」「いつもと違う表情・話し方・言葉数などの急な変化」「落ち着かない態度」などであり、それに気がついたら、学校での人間関係の悪化を考えるのだが、家庭で気がついても「とりあえず、学校へは行ったら」（学校信仰）となり、いじめが待っている学校という「戦場」に行くことをわが子に無理強いする。学校で教師は、末期的症状のいじめしか発見できないから、子どもは逃げ場を失い「死」を選ぶ。だから、いじめられに気がついたら、家庭がとる処置はまず登校を中止し、心身を休ませ、学校に事実確認と対応を考えてもらうことである。このような手立てによって、いじめられによる「死」は防げる。

自分のカウンセリングルームで不登校や高校中退、受験生の親子の悩みの相談や治療をし、毎日、自殺願望を持つ子どもを診ている精神科医として、寄せられたいじめの便りを数多く読んでいる私には、いじめる側の子どもに人権感覚や死についての実感が欠けていることを痛感するとともに、いじめに限らず、子ども全体に「生きるエネルギーが薄れてきている」と感じられてならない。この傾向は、思春期の精神医学でも教育の立場でも言われている。

「子どもの精神構造が少しずつ変化しており、四歳ぐらいで自殺を考えたり、企てたりというように自殺年齢が下がってきている」と感じたり「そもそも子どもは、皆死と隣合わせに生きているのではないか」と考えている思春期精神医学の専門家の意見や「保健室にくる子どもに自分でよくなろうという意欲、生きるという意欲がだんだん薄くなってきていて、さっさと生きてさっさと死にたいと思っているのではないかと感じる」という学校保健の専門家の意見がそれである。この「生きるエネルギーが薄れてきている」と思われる傾向も、「いじめ自殺」の対応を考える時、考慮すべきことだろう。

以上のように、子どもに生きていく力が非常に乏しくなってきている。生きるエネルギーの低下は、私の毎日の診療の中での子どもたちの訴えや、「死にたい」というファックスが年間、三〇通近く入ってくることからも明らかで、その傾向はますますひどくなっている。

これは主因ではないが、日本は、若者には冠婚葬祭以外は宗教のない国だが、これがカソリックの国になると自殺は罪悪になる。このことを子どもの頃からしつけられているから、なかなか死ぬということをしない。ところが、日本は「なんとなく事が解決するんだったら潔くていい」みたいな感覚が大人のなかにあるので、死という概念そのものが子どもの間でも美化される傾向があるということも残念である。

◆「昔のいじめ」と「現代のいじめの違い」

さて、大切なことは「昔のいじめ」と「現代のいじめ」はまったくその様相を異にすることだ。ちなみに、「マット死」より以前の「鹿川君事件」は「葬式ごっこ」ということで有名になり、こともあろうに教師がいじめに参加するという信じられないことが起こった。

「鹿川君事件」の第一審の裁判官たちは、どうもいじめという事態を、子どもの成長にとってむしろプラスになる体験としてとらえているようなのだ。

「葬式ごっこ」についても、判決では「エピソードだ」と述べられており、世間の激しい批判を浴びた。いじめの裁判がどのように不毛な結果をもたらすかを知るのに大変に役立つ。その記録を読むと「学校がらみ」の問題には「流行がある」と言わんばかりである。学校関係者の一部にはそういう認識があるらしいのだが、教育問題の本質はそんなことではない。

いじめの定義、概念が以前とまったく変わってきているということを頭に入れておかないと教師も含めて大人は「おれらだっていじめを受けた。その中で強くなったじゃないか」と、今はもう通用しない考えに陥りがちになる。これらの「死を招くいじめ事件」は「心の時代」に逆行した大人社会の「心の貧しさ」の子ども社会への鋭い反映であり、知育偏重教育（偏差値重視教育）の当然の「つけ」とも言える。

第六章

これからの「心の教育」への提言

◆はじめに

誕生から幼少時の養育の際に注意すべき事柄をあげてみた。

ここからは現代のこの国が直面している苦悩、とくに心の教育の課題について文部科学省が目指す「心の教育」がスローガン倒れにならないように、私の診療実践を基礎にして、私の杞憂を証明するためにメディアの報道をも使って精一杯述べてみたい。

まず、私の数冊の著書の契機となったのは、「学校保健のひろば」(大修館書店)での森昭三先生との対談であった。これについては最後に紹介したので、興味があれば読んでいただきたい(一七九頁参照)。まず、概論から始めよう。

大河内清輝君が亡くなった直後に、NHKの「日曜討論」「子どもたちのSOS」(平成七年三月十九日)が緊急に放映された。出席は行政側が当時の与謝野文部大臣、報告書をまとめた聖徳大学教授の坂本彰一氏(いじめ対策審議会会長)、全国中学校会会長で港区立青山中学校の校長、仲先生、民間側が私のほか、長崎県佐世保市でいじめられている子どもたちに電話相談を行っている『ふきのとうの会』代表、山北真由美さん、二十二年間教員生活を送ってきた教育評論家、尾木直樹さんであった。

これは、いじめが大変な問題になっているというので、緊急に約一時間一五分、いじめ問題を討論する時間をとった。当時の文部大臣は与謝野馨氏だったが、与謝野氏をはじめ学校行政側三名、民間でいじめを扱っている者三名で討議をした。

その最初のところを私のメモから紹介する。司会はＮＨＫ、山本解説委員であった。

アナウンサー：去年の十一月自ら命を断った大河内清輝君の遺書、「殴られた」、「金をもってこいと言われた」、大河内君の悲鳴が聞こえてきます。今年に入ってからも、いじめが関係したとみられる自殺が相次ぎました。教師や親が、悪ふざけや遊びと見過ごすなかに、子どもたちが苦しむいじめが潜んでいます。

映像に出てきた子一：「ぶたれたり、私いまこういう風にされているんだっていうことをぶちまけるっていうか、思いっきり誰かに聞いてもらいたい」

映像に出てきた子二：「先生に言うと、『君の勘違いじゃないか』って最後には言われて、あーやっぱり先生ってこんなもんなんだって思って」

アナウンサーの声と映像：文部省の緊急対策会議は、先週、報告書を提出、いじめる側の子どもを出席停止にするなど、厳しい対応を学校に求めています。いじめられた子よりも、いじめた子どもたちの責任を問おうということです。

アナウンサー：子どもたちのＳＯＳ。教師は、親は、そして国はいま何をすべきか。日曜討論、今週のテーマはいじめです。

ご出席は文部大臣、与謝野馨さん。いじめ対策緊急会議の座長として報告書をまとめた、聖徳大学教授の坂本彰一さん。全日本中学校長会会長で港区立青山中学校の校長、仲先生、京都市で子どもたちのカウンセリングにあたっている、精神科医の土屋守さん。長崎県佐世保市でいじめられている子どもたちに電話相談を行っている『ふきのとうの会』代表、山北真由美さん。二十二年間教員生活を送ってきた教育評論家、尾木直樹さんです。

司会（NHK、山本解説委員）：おはようございます。文部省の調査によりますと、去年の十二月から先月までの間に、全国で新たに発見されましたいじめの件数は一万七八〇〇件にのぼっておりまして、家庭や教育に重くのしかかっております。いじめの広がりがあらためて浮き彫りにされております。

そこで、今日はこのいじめの問題につきまして、さまざまな角度から話し合っていただきます。まずはじめに、いじめの現状をどうみるかといったようなところから話を進めたいと思いますけれども。文部大臣どうですか？

文部大臣の発言：「──中略──深刻になっていると、考えております」。

司会：土屋さんはカウンセリングをおやりになっているわけですけれども、今は大臣が深刻になっていると、こういうお話ですが。かなり悪質になってきている、犯罪に近い、そんな感じをお持ちになりますか。

土屋：そうですね。そういうこととね、あと付け加えると、加害者の方から言えば、自分が何やってるのかよくわかんないっていうね、要するにゲーム感覚っていうかな。今だにたとえば、死んじゃった子どもをいじめたと、そういう子どもが自分がたいへんな事をやったんだと感じないっていう部分が大臣のおっしゃった部分とプラスアルファがあると思いますね。

以下―略―

司会：（NHK、ニュースパーク関西、司会、梅津正樹、黒崎めぐみキャスター）

ゲストコメンタリーのコーナーです。今日は精神科医の土屋守さんにおこしいただきました。土屋さん、よろしくおねがいします。

実は、今日も北海道で、少年の殺人事件がありました。こう後をたたない少年の事件をですね、専門家としてどういうふうにお感じになりますか。

土屋：あのね、私は専門家ですけれど、ひとりの日本の大人として、この殺した、自殺した、こういう事件があまりに多すぎると。でね、私らが自殺した、殺したこう考えるのと、子どもらが実際ね、意識してやっているのと全然違うと思う。

司会：ほー。

土屋：というのが私の感じなんですよね。まあ、一言で言うとね、個体ですよね。子どもっていうものがわからない。それから子どもの社会もよくわからないと。でね、子どもの社会はね、わからなかったんですよ、今までも。というのはね、昔からそうだったんだけど、子どもの社会っていうのは閉じた社会でね、大人にいろいろなことを言わないっていうのがルールだったのね。

司会：は、はー。はい、はい。

土屋：これいじめでね、私ものすごく感じたんですよ。だから、大河内君のお父さんも言ってられるんですけどね、やっぱりわからなかったんですよ。問いつめても言わなかった。それでああいうふうに亡くなっていったってことでね。それが、子どもの社会が閉じているっていうのはわかったんだけど、今度は個がわからないんですよ。

司会：個人の個が。

土屋：個が。心を開けてくれない。

司会：は、はー。

土屋：要するにその、子どもが心を覗かせてくれない。こういうふうに思うようになったんですよね。

司会：たしかに昔は、閉じていても大人がそこを覗けましたね。

土屋：そうです。

司会：今はまったくだめなんですね。

土屋：ええ。だからこれが蜂の巣構造みたいになっちゃってね。ということで、子どもの心が非常にわかりにくくなったというね、危機意識。私は子どもや若者をものすごくたくさん診ているんですけどね、ますますそういうふうになったなというふうに感じる。

司会：というと、われわれ大人はまず、わからないという危機意識を持つという前提なんですね。

土屋：そうです。だからね、覗くことができない。だから、私らだって1年間ぐらい子どもと接してね、びっくりするようなことがいっぱい出てくるわけですよ。それで、その中でおとなしい、おとなしい対人恐怖の女の子が、「先生ね、賑やかにしている子どもさん、（小さい子ですね）見るとね殺してやろうかと思いますよ」ということを、おとなしい女の子が言うんですよ。何人も言うんですよ。

司会：んー。

土屋：ごく普通のことなんです。だから、それが行為に及ぶか及ばないかというのは別ですよね。ただそういうものをね、感じるっていうことになってきたんじゃないかと思いますね。

司会：で、そのわかりにくい子どもの心を、やっぱり大人はわかりたいと思いますよね。どのようにしてこう接していけばいいんですか。

土屋：まずわからないっていう、我々専門家だってそういって手あげてるんだから、わからないということの危機意識を持つということでしょ。それから、自分の家の中でなにか解決できるっていうことはありえない。要するにこれロケットと一緒でね、ボーンと飛んでるでしょ。家族っていうのはロケットで飛んでるわけですよ。それでね、それをケネディ宇宙基地内に管制塔がありますでしょ、そこでいろんな心電図とかいろんなデータを集めて管制官を一人にして私が管制官になるわけね。それで「今どこで飛んでますよ」とか「気分はどうですか」こういうような話を会話するんでしょ。

司会：はい。

土屋：だから要するに、そういう形で家の中で解決できることはほとんどないわけですよ。より悪循環を起こしていくから。

司会：ほー。

土屋：でプライバシーというのがあって、家庭のなかは密室ですよ。だから、よく事件が起こったあと、あの家庭では非常に明るい家庭だったとか、お父さんが教育熱心だったとかいろんなことまわりは言うんですよ。だけど、実際、家庭のなかでは何が起こっているかはわからないというのがプライベートです。

司会：んー。

司会：その中で、家庭の中で、親はどういう意識をもって子どもと接していけばいいのですかね。

土屋：だからね、蜂の巣みたいになってるんですよね。家へ「ただいま」って帰ってきて、ぱっぱっぱって二階へ上がっていって自分の個室があって、それでご飯の時だけおりてくる、こういうような感じでしょ。

だから、大事なのは、学校であるいは家庭で子どもがどういう状態になっているかという親子のコミュニケーションを常々つけておかないといけない。

要するに、なるべくそこで会話をするとか、あるいは一緒にお風呂へ入るとか、いろんなそういうバーバル、すなわち言葉での、あるいはボディーでの、こういうコミュニケーションを一生懸命つけていくという積み重ねというのが大事。

司会：ということは、覗く機会を多くすることですね。

土屋：そうです。ですから意外にね、私のルームで子どもさんがしゃべってるのをね、たまたま隣で聞いてたという場合があるんですよね。そうするとね。親御さんがびっくりしているんですわ。

司会：はー、自分の子どもがこんなことを考えてたのかということですね。

土屋：そうそう。だから、とくに自分の子どもになるとこれは準主観でしょ。本人が主観とすると。準主観というのはうんと悪いほうに考えるか、非常に楽観的になるかどっちか。だから客観性がいるでしょ。客観性は管制塔で、その管制塔が我々専門家です。

司会：なるほどね。それともう一つさっきもおっしゃったように心の問題だとどうしても、うちの外にだしたがらないというのがありますけれども、それはわかりますけど少しでも変だなと思ったら専門家に相談するというのはまず第一なんですね。

土屋：そうなんです。だからね。私の家とか私の子に限って安全だという事は絶対ないのね。私の子どもを含めて、それは絶対ありません。だから、そういうときにいわゆる風通しがよくなるというのはね、何も精神科医とは限りませんよ。

だけど、そういう専門家に相談する。これが養護教諭の先生でもいいし、学校医でもいいしね、いろんな人に相談しながら最終的にはそういうことを専門にやっている人間が相談にのるということが大事ですね。しかもなるべく長期間、相談にのってもらう。

司会：わかりました。今日は土屋守さんにお話をうかがいました。ありがとうございました。

（NHK、ニュースパーク関西、次回、司会：前と同じ梅津、黒崎キャスター）

司会：精神科医の土屋守さんにお話をうかがいます。よろしくお願いいたします。
土屋：あーどうも。
司会：もう不登校は特別な子どもの問題ということじゃなくなりましたね。
土屋：そうですね。で、数字そのものが、年間三十日以上を学校の門をくぐらなかった小中学生ということでしょう。だから、二十七日、二十八日、二十九日とかはカウントされていないわけだから。年間三十日と二十七日、二十八日、二十九日とはあまり実質上変わらないでしょう。
司会：あー。
土屋：それからね、あと校門をくぐっても保健室へ行ったり校長室へ行ったり資料室へ行ったり、そういう子どももね、この数字に入ってますから不登校になってないわけですからね。だから、不登校はすごい多いということですよ。
司会：なるほどね。
司会：で、学校に通わなくなる不登校になるというきっかけというのは、子どもたちに何かあるんでしょうか。
土屋：えーだからね。まあ、これ学校というものの役割を考えてみたらわかるんですけど、これは学習をするということ、それから協調性を身につけていくということでしょ。だから、勉強がついていけないのに長い間放っておくとか、あるいは先生との関係、あるいは友だちとの関係がうまくない。要するにこれ私のカウンセリングルームに来た例もそうなんですけど、大体、勉強、友だち、先生との関係に原因があり、そういうことが短期間に……いくつか重なると、行けなくなってしまうということが起こるわけですよ。

司会：なるほど。

では、それは心の問題ではありますが、実は不登校のサインがあるということで、三つ挙げていただきました。これなんですが、少し詳しくお話していただけますか。

土屋：あのね。これ不登校のサインというのはいっぱいありますけどね。一つは不登校というと心の問題と考えられがちなんですけど、多くの不登校の問題というのは、体の問題、体の不調、これが多いんですよね。体調の変化、たとえば朝の低血圧とか、そういう問題ですよね。

司会：ふーん。

土屋：ということで、朝起きられないから当然、遅刻するよりも「休んでしまおう」という、きっちりした子どもさん、これが、不登校になりやすいということですね。それから、次は宿題、これはねぇ、要するに、その時その子のやれる範囲というか、それが、その子に決まっていてね、で、全体として、学校は行っていないけれど、クラスや塾へ行ってたりしてね、それで、ますます、その子のその時期の負担が増えてる場合がかなりあるわけですね。ということで、これもやっぱりきっちりしてる子どもさんは、「宿題なんてどうでもいいや」と、こういうふうにならないと、いうことなんですね。

司会：あー、むしろ気にしてしまうと。

土屋：はい、はい。

司会：そして三つめですが…。

土屋：これは、不登校以前の時期に家庭で先生や友人への不満や悪口を言うのはね、なにか学校の中の人間関係に問題があるということだと思うんですよ。それで、私はいつも言ってんだけど不登校にしても、いじめにしても、教室で、「ぽつっ」と淋しくいる子どもさんをなくすということが大切でね。これは、勉強、友だち、先生との関係に原因があるんじゃないかなーと思わないといけない。

気がついたら、親御さんは早く学校と連絡をとりあって、それで本人が学校でどういう過ごし方をしているのか、学校に教えてもらうということが大切だと思うんですね。

司会：ふーん。でも、もし本当に子どもさんが不登校になったり、また、自分は学校に行けないといった子どもたちはどうしたらいいでしょうか？

土屋：最初は「行くのが当たり前だ」と思ってた子が行けなくなるんだから、親はとても慌てますよ。でね、慌てるのはしょうがないと思うんです。だけど、不登校っていうのは非常に、実りがあるんですよ。人生のある若い時期の、まぁ、軽い挫折と考えたらいいと思うんですね。

司会：はい。

土屋：だから、負けなしの人生なんてないわけだから、不登校の時期に、悩みを抱えた親子が、じっくり、話し合うとかね、そういう時間も登校しないからできるでしょ？　大事な機会でしょ？　だから学校に行っていなくても、経験できることを、この時期にしておくということではね、かえって大切な場合があるわけですわ。

司会：まぁ、そういう意味では、悩まないで、その時期をどう使っていくか、という発想の切り替えがお母さんやお父さん、それから子どもたちにも必要になってくるわけですね？

土屋：たとえば、長期に旅行するとかね、というようなことでもいいわけで。でー大事なことはね、学校に行くか行かないかが、すべて勝負じゃないわけですよ。学校に行かないときもあるけど、今まで私がいろいろ手がけてきた不登校の子どもさんでね、ちゃんと通院、カウンセリングを続けていれば、そのままずっと挫折しちゃうっていうのは一例もありませんでしたね。

司会：あーそうですか。

土屋：だからね、大事なことは社会人になった時、社会に通用するような若者になってもらわないと困るわけでしょ？　勝負はそこなんですよ。だから大学入るのだってこれはスタートだし、社会に出るときだっていろいろつまづくことはあるわけだからね。不登校に限っては、私は、あまり深刻になるような問題ではないと。むしろ、ポジティブに考えていくことのできる問題だと、こういうふうに思ってるんですね。

司会：はい。ありがとうございました。ゲスト、コメンタリー、土屋守さんでした。

以上である。

◆共通して言えること

ここで、私は不登校について、楽観論を述べた。しかし、不登校のみならず、若者や少年の心の病気でも共通して言えることは、「無所属」になってはいけないということだ。私のカウンセリングルームにも、中学は卒業してしまって、上級学校にも行かず「ぶらぶら」していて、子どもの母親だけが来談している事例がある。しかも、母親によると、その「自由？」を楽しんでいるようなのだ。

中学校は卒業し、上級学校に行っていないから学校も関与できず、「無所属」で、しかも私もこの少年を診ていない。このようになったら解決の道筋を見いだしにくくなる。

不登校、心の病気でも共通して言える「もうひとつ」のことは「縦の糸と横の糸」ということで、「縦の糸」は専門家である私、「横の糸」は友人だ。

前の事例は、子どもが来談していないので、「縦の糸」は母親まかせできわめて微弱、友人ゼロで「横の糸」はなし。

反対に、以前に述べた、親子（子は高校生で友人あり）で受診しているWさんのような事例では「縦の糸と横の糸」ともに欠点がなく、その時点ではきれそうに思えても必ず立直る。

さて、神戸のA少年の事件以来、日本の子ども社会がますます困難な状況に突入した。人の心的内世界を見極めるのがどのように難しいかは、宮崎勤被告の精神鑑定の結果をみてもわかる。日本最高の精神科鑑定医による長期にわたる鑑定でも、結果は数通りに分かれた。まして「淳くん事件」の人格が固まらない十五歳のA少年の場合、たかだか一か月の鑑定で出された結果についての信憑性については、信じがたいと言わざるを得ない。

最初、あの事件が報道された時、多くの人がそうであったであろうように、私は宮崎勤型の犯人を想定し、みごとにはずれた。

いじめ問題に戻ろう。前に述べたように、大河内君の死後のＮＨＫの「日曜討論」の出席は行政側が三名、民間側が私の他に二名で計六名であった。

討論の中で、私は、与謝野文相に次のように要求した。

まず、「カウンセラーの『二人制』の『指定校』を作って行うという行政の発案もいいと思うが、養護教諭を『二人制』にしてくれ」というものであった。

「日曜討論」は政治を扱うことが多く、各党がお互いに自分を主張したいのを制限時間の中で言わせる必要から発言時間の制限が厳しいようである。発言時間を制限するために、視聴者の見えないようにテーブルの下で出席者だけに「発言時間が来たよ」とばかりチラチラとライトが回る。

私は、ライトがチラチラと回る発言時間の制限を気にして「養護教諭の『二人制』の『指定校』を作って」というべきところを「養護教諭を『二人制』にしてくれ」と『指定校』を抜かしたために、当時の文部大臣は「予算がなくてなかなかできない」と言われた。

私の発言の真意の養護教諭の二人制というのは、一人の養護教諭は厚生労働省管轄の養護教諭、あと一人が文部科学省管轄の心理畑の養護教諭である。

「養護教諭二人制の『指定校』を作って、全国でどういう成果があるのか経過をみてくれと言いたかった。これは成果があるにきまっている。現状の養護教諭の大きな悩みというのは、理解のある一般教科の先生が養護教諭の代わりをやってくれたりしない学校でないかぎり、研究会に出たらその日は保健室を開けておくことができないわけだから、各種の研究会に出られないということで、養護教諭を二人制にしたら、お互いに順番に研究会に出るとか、あるいは心の問題は心理畑、傷の手当てなどの問題については、厚生労働省管轄の養護教諭というような形で、お互いに知識を交換しながら切磋琢磨できるのではないかということである。

また、今のように養護教諭が一人だと、養護教諭には地区、大きな行政区、府県などいくつもの研修会があって、出席すると保健室を閉めなくてはならず「校長もいい顔をしないし、生徒にも迷惑がかかる」というのが、私が各地の養護教諭の研修会に出席した時、異口同音に養護教諭から訴えられていたことを基礎にしたものであった。

「日曜討論」の時間も残り少なくなって、司会者に「この際、民間側から行政側にこれだけは要望しておきたいことを」と促されて、私は文相に「それ（「教育の根幹は家庭にある」という与謝野文相の発言）をね、文部省、要するに大臣が言われたということはかなり勇気がいることだと思うんですね。でね、私、大臣にお目に掛かることがもうないと思うので、一つだけご検討いただきたいことがあるんです。それは、文部省は毎年『生徒指導上の諸問題の現状と文部省の施策について』という冊子を出しますよね。この冊子のなかで、いじめの定義があるんです。

その定義は、「自分より弱いものに対して一方的に、身体的・心理的な攻撃を継続的に加え、相手が深刻な苦痛を感じているものであって」とここまではその通りなんですよね。そのあとで「学校としてその事実を確認しているもの」と続くんです。「これを削除していただきたい」というのは、今、学校や大人の目で見えなくなってるものを、いじめと言うんです。だから、これで統計をとると「いじめが減った減った」ということになって、事実と非常に誤差ができるから、この削除を検討していただきたいと思います。真実は「子どもが十人群れていれば、そこの中にはちょっとしたものも含めて、いじめはいくらでもあります。だから、文部科学省が、最初はきちっとした定義を出されているにも関わらず、一番最後は完全に今の状態に合っていないというふうに思いますので、これだけ、お願いしときます」と要望した。

大河内君の死からちょうど一年後、伊藤君の自殺の後の平成八年十二月、『生徒指導上の諸問題の現状と文部省の施策について』からは「学校としてその事実（関係児童生徒、いじめの内容を確認しているものとして件数を把握した」が削除された。

しかし、その後の同冊子には、大河内君の死の前後を分けて、大河内君の以前はやはり減っていたとしてグラフを載せており、この非科学性は一目瞭然であり、誤りを誤りをとして認めないことが多い教育界に文部科学省が範を示すものになっているのは皮肉である。

この文部科学省の定義は非常にがんばっているが、やはり「きれいごと」のように思える。

で、この提案を大臣にしたのは私だが、提案が実現し、その背後に、いじめられた子が多数死んでいったという現実があり、文部科学省を動かしたのだと思う。

さて、神戸の事件まで、私は「子ども社会の変容といじめの意味」という題で講演をしていたが、ああいう殺しが連続して起こってきた。私らも非常に、後手に後手にまわっている。というのは、上越市の伊藤君の事件以来、いじめの自殺というのが、少し速度が落ちている。で、私らは、先生方とか学者や私らが、いじめの問題でがんばっていて、その努力でいじめられ死が減ったと思ってた。ところが、神戸のA少年の事件以来、続けざまに「殺し」が起こり続けている。いじめでは「殺しだ」という以外に思いようがないのは、山形県の明倫中学の「マットの事件」である。自分でマットに頭から入って死ぬというのは考えにくい。ところが、あの事件は最後まで非常にあいまいなままに処理された。神戸のA少年の事件以来、「殺し」がずっと起こり続けているのは、マットの事件があいまいなったまま、ここまできた「つけ」が回ってきたと思う。

黒磯北中学で、この学校の先生が、自分の学校の生徒にナイフで刺されて殺された。神戸の事件以来、日本の国の中で、「安全な場所」というのは、どこもなくなった。

子ども社会は、必ず大人の社会を反映するから、大人の社会があまりにひどく、大人の権威はもうない。

たとえば、代議士が自殺をするとか、貸し渋りで社長が一度に数人自殺するとか、大蔵省とか日銀とかで、自殺だの汚職だの、防衛庁の汚職だの警察のごまかしなどが次々に出たりしてるかと思うと、医者の仲間でも、患者から覚醒剤をもらって使っていたとか、名古屋大学の医学部の教授が製薬会社から一億二千万ものわけのわからない賄賂を受け取ったりというような、さまざまな事件にみられるように、これまでは、高校までの段階までで問題が問われていたが、今や大学教授、大学生すら問題が問われている。

たとえば、ＨＩＶにしても、ＨＩＶに深く関係した当時の元厚生労働省の役人がその後、東大医学部の教授に居座り続けた。大学の副学長だった安部という医師はＨＩＶ問題の主役として、とんでもないことをやっていた。ということで、和歌山のカレー事件や新潟の九年間の女性監禁事件でもそうだが、日本はあらゆる社会でさまざまな奇っ怪なことがありすぎる社会になった。

これは、おそらく古代などはいざ知らず、近代、現代日本史上初めてだろうと思う。このような大人の社会の今の現状で、大人社会の反映である子ども社会だけが健全だいうことはありえない。

しかし、教育機関も座して見てはいない。必死に努力している。たとえば、先年、熊本で、文部科学省、熊本県・熊本市教育委員会、この三者の主宰で、研修会が行われたことは「はじめに」で触れた。この研修会で私は「子どもの心の問題」ということで、提言したが、文部科学省にはメンタルヘルス教育専門官という方が兼任だけれどいる。私は、今のような非常事態にメンタルヘルス教育専門官が「兼任」では駄目で、「専任」で、しかも数人置く措置を至急実現してもらいたいと思う。

さて、これも「はじめに」で触れたように、この研修会は文部科学省の三木メンタルヘルス教育専門官の司会で、いろいろな角度から討議された。研修会では結論を簡潔に言えば、とどのつまり、連携、すなわち「すべての良心的な大人が連携をしていくことが大切だ」という風な結論になった。で、これは私事だが、私は平成八年に「いじめの精神医療に関する貢献」ということで、日本医師会から最高優功賞をいただき、それ以来、各地の学校医の先生とずいぶんお近づきになった。

それで、それまでは養護教諭の先生対象の講演などが主だった。私は医師になる前の十三年間、京都の府立高校で教師をしていたし、京都府立高校の校長で親友が二人いた（今年定年退職）。私たちのような学校の生徒を診る精神科医の仕事の中で一番困難なのは、学校が本当のことを言ってくれない。ところが、あいつ（私）は京都で教師をやっていたから、あいつの所へ行ってどんなことを言っても大丈夫だというので、校長をはじめ京都の教育機関の方は気軽にこられる。京都府の高校でかなり安定した学校でも、年間約十五件くらいは何かしら問題が起こっている。

安定していない高校は推して知るべし、二十件や三十件くらいのいろいろな問題がある。京都では毎年、若者や中・高校生の死に至る事件があり、たとえば先年「一乗寺事件」という殺人事件では、中学三年生の子どもが同級生と一年先輩に深夜公園に呼び出されて殴り殺された。

ＮＨＫ、ニュースパーク関西で語ったように、今、子ども社会が非常に見にくくなっている。そこで、私たちは学校問題については、まず一人、通常の校長さんがおられる。それから、学校「内」には　もう一人、校長さんがおられる。

これは「心」の校長で養護教諭の先生。それから最近もう一人、学校「外」に「心」の校長さんがおられる。それは学校医という校長で、内科のお医者さんとか小児科のお医者さんとか耳鼻科のお医者さんとか歯科医の方とかおられる。

学校医とお話ししてみると、子どもは学校だけで診てもらっているばかりでなく、学校医の診療所でも診てもらっているので、その子どもの家庭の状態など、実によく知っておられて心強い。

私はそこに私たち精神科医も学校医として加えてほしいと主張している。たとえば私は今、京都市北区にクリニックを開いているが、つい最近まで山科区にいた。山科だとだいたい人口十五万人くらいで、私みたいな精神科医でクリニックを開いている人が三人か四人である。だから、各学校に身体の学校医以外の精神科医を一人ずつというわけにはいかないが、精神科医を六校か七校でひとりでいいから「身体」の学校医以外に加えてもらい、各学校の学校要覧に身体の学校医と並べて、精神科医の名前を掲載してほしいと思う。

このように、学校要覧に身体の学校医とともに、精神科医の名前も学校医として並んでいたら、精神科医としてこの子を診ることが容易になり、身体の学校医も「どうもあんたは私のほうではなく、この先生に診てもらったらいい」と言える。

今のままでは、校長や養護教諭も、担任、身体の学校医もその子やその子の親に「精神科医に診せたら」などと言うと、精神科に対する偏見で「うちの子がおかしいというのか」と、くってかかられたりして関係者が辟易する事例が多かった。

学校要覧に身体の学校医とともに、精神科医の名前も学校医として並べただけで一度に「うちの子がおかしいというのか」などということは解決する。身体の学校医がその子を診て、学校要覧を示しながら「この不調和は私の分野でなく、もうひとりの先生の分野だと思うよ」と言えばその親子は私たちのクリニックにくることになる。学校要覧に身体の学校医とともに、精神科医の名前も学校医として並べた場合、「精神科医」とわざわざ書く必要はない。

◆現在の若者の精神年齢

さて、どの家庭でも教育に非常に熱心で、世間一般では精神的に大人になるのが二十歳を境になっていると思い込んでおり、すべての仕組みが、これをもとに組み立てられている。

でも先程の計算では、現在の少年や若者の精神年齢は、その少年や若者の実年齢から十歳以上引かないと、少年や若者の精神内容や行動が理解できない。たとえば、大学生は早ければ八歳の子どもが大学にいくことになる。これは遊びたい盛りで、だから「遊ばせてやれ」と、私が主張するのは根底にこの思いがある。

家庭教育、学校教育などでも世間一般では、早ければ二十二歳で学校の先生になる人がいる。そういう先生は、先生になってから八年間は子どもだということになり「子どもが子どもを教えている」ということだ。医者も同じで、早ければ二十四歳で免許が取れる。お母さんでも二十六歳で子どもを生むこともある。これも「子どもが子どもを生んでいる」だから、お母さんが子どもの育て方がわからなかったり、家庭の教育方針やしつけの見当が狂ったりする現象は、今後ますます増加するのはいたしかたがない。

これは半分冗談だが、学校の先生の場合は三十歳までは、何かあったら、管理職の責任にすればいい。そのかわり三十歳の誕生日を越したら、あとは最後には孤独に自分で判断しなければいけないのは、私ら精神科クリニックの院長の場合と同じだ。

これらの現象が家庭でどう現れるかというと、最近有名になったが「被虐待児症候群」、すなわち言うことをきかないので、無茶苦茶に殴って殺してしまったり、冷蔵庫に入れたり、灼熱の自家用車の中に幼児を入れたまま夫婦でパチンコに興じたり（これは被虐というより無知）などが激増している。だいたい各種のこういう問題は、ほとんどがアメリカから約十年遅れて日本に上陸してくる。ということで、たとえば病気でも神経症とか対人恐怖、とくに仲間が作れない子ども、そういう子どもが続々これから登場する。

それから、先生方の間でも「教育とは」何だかわかってない先生がでてきている。われわれが教師だった頃は、先輩にいろいろなことを聞くということが当たり前だったし、先輩もよく教えてくれた。

ところが、このごろは若い先生方が先輩に聞きにいくということをしない傾向があり、先輩の教師のほうもなにか気遅れし、余計なことは言わないで黙っている傾向があるという。Mテレビが保健室登校という番組を七本ほど作った。その中で、学校を離れた大阪の自主的な先生方のグループでアンケートを取ったら、一番困難を感じているのは「職員室での他教師との交流」と答えた。この先生方は自主研究会に出てくるような教師だからかなり進んだ人たちで、十年前くらいにそういう回答が出るのだから、その頃から、学校の中の教師間をまとめていくことがが非常に難しくなり、職員の間でまとまらないから、当然、子どもに問題が起こっても対応はばらばらで、なんとなく当の教師が孤独に処理するという形になってしまう。学校では、教師集団の形成そのものが非常に難しくなっているという問題を抱えている。

このように、私は高校中退で、通信制高校を出たのは二十歳の時であるが、あの二年間、私は神経症という病気で苦しんだ。正確には三年間だが、今にしてみると、三年間は自分の人格形成にすごい大きな意味をもっていたと思う。

同じように、不登校というのは、たとえば木があって（私は京都大学にいた時は農学部の林学科だったので木に例える）土中に根を張る。不登校は、学校に行きたくても行けないという「悩みの根」を張っている最中だ。

最近、台風で杉の木が倒れたその根をみると、根の張り具合がすごく浅いという。ところが、昔の木曽の檜の美林だと三百年ぐらいかかって根がびっしり張っている。

だから不登校は、幹は一見細いけれども、その根を張る時期であり、その後の成長の保障として「悩む」という中で根をびっしり張っていく時期だと考えたらいい。

学校に行ってもいろいろな「つまずき」があるから、経済的、倫理的に非常な困難を抱えているこの社会の中で、若者たちが本当に脱落しないで生きていくということが大事で、一時期学校へ行くか行かないかが勝負ではないということだ。

ところが、不登校と違っていじめの問題は、心に傷を受けるだけで「みのり」がない。そこで、心の傷をたとえばどんな形で受けるか、いじめもそうだし、受験で落ちたというのも、あるいは人間関係がうまくいかない場合も心の傷が生じる。

たとえば、阪神・淡路大震災、あの時に、心的外傷（心の傷）後ストレス障害という言葉の意味を、皆が身をもって知った。グラグラッときた時に震災現場で、兄弟とかお母さんとかを助けだすことができず、目の前で亡くなっていった子どもさん、あるいは瓦礫の中から辛うじて助けられたお年寄り、こういう弱者に心的外傷後ストレス症候群が現れた。

症状はたとえば、夜中にがばっと起き上がって、夜中落ち着かない、泣きわめくとか、あるいは子どもが真っ黒な絵を描くようになったとかがみられるようになり、大震災後、数年たっても仮設で亡くなっていくお年寄りがたくさん増える。体の傷は日が経つにつれて治っていくが、心の傷は、日が経つにつれて考える余裕がでてくると、かえって深くなっていくという特徴がある。

これは心の問題だから、見えないわけで、他者はよく勘違いをする。ちょっと子どもが元気になると「それでいい」と思う。たとえばこの前、クレゾールをいろいろなところへ送ったという子どもがいた。それで、その子がたしかにいじめにあったということだった。

ところが、その学校の校長さんは「いじめは解消してる」と言っておられた。私はこういうところが問題だと思う。「いじめの解消」とはなにかということが、この校長はわかってない。

私は「いじめの解消」というのは、被害者である本人ならびに本人に関わる人々を、加害者本人たち、およびその関係者が、いじめによって被害者に生まれた人間不信を完全に克服するように懸命に援助するということで、はじめて解消すると思っている。

そうすると、だいたい十年くらいかかることになる。だから、解消という言葉そのものが、非常に怪しげな言葉だということで、その子が学校に行けるようになったりすると、すぐにそれで治ったような気になるという大人があって、私も精神科医としては、いじめの子どもさんを一番みていると思うが、どうもいじめの問題は歯切れが悪いというか、いじめの子どもさんの心の傷を、親や他の大人に説明してもなかなかわかってもらえない。

心は目に見えないから、大人は子どもの心を勝手に解釈することがいくらでもある。その隙間をぬったように私のクリニックで、子どもさんが、年間約二十人くらい自殺未遂があるということで、小・中学校の不登校が十万五〇〇〇人を超えた。

これは前に述べたように、二十七日くらいを合わせて四十万から五十万くらい不登校がいると思われ、高校中退が、年間約十万、それから受験生で、私らが心の不安定を心配するであろう人が、三十万から四十万人はいる。

自殺も多い。各予備校はそれぞれ、毎年のように一人か二人自殺がでているので、三階ぐらいから上は、全部、窓が新幹線みたいに開かなくなっている。

◆いじめの構造

さて、少し、いじめに焦点をあてて、話をする。

被害者が一人になると「死の構造」になる。すなわち一人で黙って何も言わないで死んでいく。それから、加害者は数人、傍観者っていうのはそのクラスの中の子ども全員。自分がやられるのを恐れて、いじめを傍観している。こんな理由で私は「いじめっ子」とか「いじめられっ子」という言葉は好きではない。

加害者が傍観者になったりあるいは逆になったり、いろいろ変わりうる。いじめは「被害者が一人になると死の構造になる」と言ったが「いじめられている子と、もう一人勇気のある子が組んで二人で加害者、傍観者に抵抗すると、いじめられている子は死なないですむ。だから、私の子どもは、もう一人、非常に仲の良い親友が断固として頑張ってくれた。そのいきさつは『私のいじめられ日記』（青弓社刊）という本の中に詳しく書いたが、この親友がいたために、私の子どもは死なないですんだ。

それから、多数の傍観している子どもたち、その周りを取り囲んでいる関係者である大人、関係者である大人は二つあり、一つは学校の大人、すなわち教職員、それから家庭の大人と二つある。

ここが非常に肝心なことだが、実は、学校の大人については、過去に、非常にいまわしい例がある。これは、大阪市立大学の森田洋司教授に聞いた話だが、大河内君事件の後、西尾中学でも、校長らがいじめ審議会でずいぶん言い訳をして帰ったそうだ。

学校の大人で、いじめの問題について、一番、不用意なというか、何とも言えない対応をとったのが、マットの明倫中学で、この中学の教師たちは、菓子折りを持って、各家庭をまわり「あまり不確かなことをマスコミに言わないでくれ」と頼んで廻った。明確な、いじめ隠しだ。それから、家庭の大人、これは、明確ないじめ隠しではないが、子ども社会で起こったことは自分たちで解決するという構造だから、なかなか子どもは、家でも自分のクラスのいじめがあると言わない。

そういうなかで、「お母ちゃん、A君がどうもいじめられてるよ」という話になったときに、なにげなく、お母ちゃんは「あんまりそんなことに首を突っこまないで勉強でもしてたら」という発言をしがちだ。これは実は、無意識な傍観者のすすめになる。もちろん「あんた一人でいじめられてるA君をかばって頑張れ」というのは今度は自分がいじめの標的になるからあぶない。自分のクラスで複数を組んで、なんとか上手にA君をかばっていかないと、いじめる側も実に上手にいじめるから、クラス全体がうまくいかなくなる。

いじめられて死んでいく子どもがたくさんいると同時に、とくに最近、「金がらみ」のいじめが多くなった。大河内君の場合は、百数十万円になる。あれでも、旅日記と遺書が出てこなかったら、事故死扱いとなってすんでしまった。最初、学校は事故死と届けた。そこで、大河内清輝君のお父さんに、先年、大阪である集会でお会いした。そのときにお父さんは「このお金をどうしたんやって聞いたけれど、清輝は絶対言わなかった」「自分は、あの時、学校を休ませていれば、自殺をせずにすんだんじゃないか」とも言っておられた。

そして、山形県の明倫中学の場合は裁判を起こしたけれども、大河内清輝君のお父さんの場合は、裁判を起こす元気もないと、非常に力なげに帰っていかれたのが印象的で、今でも大河内ご夫妻とは交際がある。伊藤君の場合は裁判を起こすとのことで（死の直後、私が週刊誌の記者と電話で話し、私のコメントがその週刊誌に掲載された）先日、裁判を起こす代表の方がみえた。

◆いじめられてる時になにが必要なのだろうか

家庭では、「いじめられてるのはよくわかるし、辛いかもしれないけれど、学校へはとにかく行ったら?」と、こういうふうになる。そうすると、子どもはしょうがないから、学校へ行く。学校では、いじめをわかってくれない。それで、この構造の中で、私が痛感したのは、いわゆる「チクル」(告げ口する)ということが、いじめではよく出てくるが、週刊少年ジャンプという雑誌に『元気やでっ』として、『私のいじめられ日記』がマンガ化された。私がマンガの人たちと会うのは初めてだったが、マンガの人たちとの付き合いの中でつくづく考えた。「チクル」というのは、「密告する」、すなわち悪いことを告げ口するというふうに大人は考えがちだが、そうじゃないんだ。その意味は子ども社会のなかで起こってることを、いいことでも悪いことでも「大人に言う」というのは、子ども社会ではルール違反なんだ。

だから、子どもらは言わない。だから、学校の先生がいじめに気づかない。そこで、いじめで、子どもを殺さない方法は、「不登校のすすめ」をする。これがうまい「死の回避」の仕方だ。一方、不幸な回避の仕方が、自殺、最近は「自死」と表現するが「自死」だ。

私自身の子どもが、中学校の時いじめで散々な目に遭い、それで、たまたま一番最初、A新聞に『私のいじめられ日記』として、中学校の少女が自分のいじめられた体験を「日記」

に綴った本が出版されると報道された。その時、東京から各テレビ局が何回も来て、私と当の娘が会ったが、私は「いじめっていうのは死ぬから、これは他の問題と違ってたいへんなんですよっ」と何度言ってもテレビのレポーターがなかなかわかってくれなかった。でも、その直後に大河内君の事件が起こった。そうしたら、すごい勢いでテレビは来る、雑誌や新聞は来るということになり、映像や記事が全国に出た。

そういうなかで、私の家に脅迫電話がいっぱいかかってきた。泥酔した男の声で『いつまでもそんなことやってると、おまえの子ども、普通じゃあ戻らないぞ!……』で、当の娘が登校途中に硫酸でもぶっかけられたりしたら困るから学校を休むことにした。

娘が登校すると、教室に入らないような生徒が、校門の所でナイフ持って襲いかかってきた。そのため、不登校は二回、それぞれ三十日ほどさせた。

医師になる前、私は幸い京都府立高校で教師を長いこととしていたから、先輩の洛北高校の校長のところに処置を相談に行った。そのとき娘の『私のいじめられ日記』が半分くらいできていたのを持っていったら、校長がそれをずっと読まれて「これはちょっとひどい」ということで、すぐ京都市教委の（京都市は特別行政区だから府と市はまったく独立して二つ教育委員会がある）の担当部長に電話をかけてくれた。

ちょうどその時に、たまたま私と京都新聞の不破記者が協力して『不登校を考える』という大きな連載をしていた。で、洛北の校長先生が「いま、京都新聞に『不登校を考える』を連載しておられる土屋先生のお嬢さんがどうもいじめられているようで、内容を読むと非常にひどい」ということで電話されたら、その日のうちに市教委の幹部二人が洛北高校の校長を訪問され事情を聞かれた。それを契機に、その後、京都市教育委員会が娘が在席している中学校を飛ばしていろいろな処置をしてくれた。

娘の中学校との話し合いも京都市教委指導のもとに進展した。また、不登校のうち一回は三十日間が全部登校扱いにされた。だから、現行法規の中でもやろうと思えばこういうことができる。

一歩進めて、これからはいじめられた時は「不登校の勧め」をやろうと私は提唱している。例の葬式ごっこで有名な鹿川君事件、内容は先生が寄せ書きに一緒に書いたので後で厳しく問題になり、第一審は無茶苦茶だった。と、ちょうど同じ頃に福島県いわきという所で、同じ時期にいじめられで亡くなった子どもさんがおられ、それも裁判になった。

いわきの方は第一審で終わったが、第一審の判決が平成二年に鹿川君事件と同じ頃に出た。いわきの判決文の中にこういうくだりがある。「さらに本人家族（被害者：註土屋）にも問題があり、本人自身登校拒否などをして抵抗すべきだった」として過失相殺、すなわち両方に責任あり、すなわち原告側（被害者：註土屋）にも「過失」があったとして、損害のうち七割を家庭の負担にした」と。(『いじめられて、さようなら』佐瀬稔著、草思社刊)。

すなわち罰金として払う金の七割が家庭負担とし、しかも判決文によれば亡くなった次郎くん(仮名)が自ら死を選択したことで負うべき責任が四割強！　すなわち、死んだ子どもに罰金を払え、それであとの三割を家庭の責任とし、学校にはやはり三割くらいという内容だった。

これでも平成二年くらいだったら、あの例の鹿川君事件の一審判決より、当時よほど良い内容だった。これをみてもいかに裁判というものが、すごい労力だけ使って、意味や創造性のないものだということがわかる。

佐瀬稔氏(ノンフィクション作家の方)とは生前、お会いする機会もあった。いわきの第一審で裁判所が「登校拒否しろ」と、平成二年に判決している。

それで、私はこれを「防衛的不登校」と呼ぶことにした。現在は、さらにもう一歩進んで、学校の方も「どうもお宅の子どもさんはいじめられているみたいだから、どうぞしばらくお休みください」と勧める。家庭がどんなに苦しくても子どもを学校にやろうとしてしまうのは、一つは欠席日数が増え、通知表にずっと付くからで、もう一つは学習の遅れである。それから、友人と縁が少し遠くなるということを家庭は懸念する。

だから、私は最低一か月、むしろ学校の方で担任の先生とか養護教諭の先生とか、時には校長先生にもご苦労願って、入れ代わりたち代わり「どうやっ？」という感じで家庭を訪れ、時には少し勉強もみてやる、友だちももちろん行かせるという処置をして、ゆっくり休ませ、しかもいじめだとはっきりした場合には欠席を出席扱いにするといい。学校にやっていただきたいのは、後手にまわらないこと、つまり、いじめがあった場合にはその当日五分でもいいから職員会議を開く。そこで、学校長が「どうもこのクラスにはこういういじめの問題があるようだと取り敢えず報告する。そして、明日、二時間職員会議を開くからその時まで、先生方、いろいろ心当たりがあったら考えといてください」ということで、当日のうちに、緊急手当をやるというふうにやれば、子どもがひっそりと死んでいくということはほとんどないようになるだろう。

◆「うつ」ということ

精神科医として薦めたいのは、先生方や親が精神科のどんな簡単な本でもいいから「うつ」という項目だけをぜひ読んでもらいたい。実は、私も教師をやっているときに生徒が一人自殺した。今、精神科医として考えてみると、簡単な問題で「うつ」だった。「うつ」を知らなかったために精神科医だったら防げたものを、担任の子どもが一人、死んだ。「うつ」というのは特徴がある。

広島の学校で菅野君という子どもさんが数年前に自殺した。これも大問題になった。それでその時の経過がこういうことだと思う。

ただし、本人が亡くなっているので、以上はあくまで精神医学的分析と一般常識に対しての警告ということである。「うつ」というのは、放置すれば段々だんだん調子悪くなってエネルギーが落ちていく。

「うつ」というのは「心身のエネルギー低下」、要するに心も体も生きるエネルギーがきわめて低下する。で、ひどい時になると瞬きもできなくなる。その時はどん底で、この時は死ぬエネルギーもない。

ところが、危ないのは症状が落ちていくときと症状が上がっていく時で、ここで自殺する例が多い。「うつは死」というくらいにこわい。どん底で病院で入院し症状が軽快して「よくなった。おめでとうございます」と医師や看護婦に祝福されて退院し、家へ帰って、その日のうちに首を吊って死んだなんて例はいくらでもある。この菅野君の自殺の例というのは、非常に示唆的だと思う。親が学校に「どうもうちの子はいじめられているみたいだ」と訴えた。で、学校も十分考えた。なぜなら、親が学校に訴えた数日後に修学旅行がひかえていた。これは、学校に悪意があったわけではなく「修学旅行に出てくるかどうか見ようじゃないか」

という結論になった。菅野君は修学旅行に出てきた。出てきたから「元気じゃないか」と先生方は喜んだ。ところが、修学旅行から帰ったその日か、その翌日に菅野君は首を吊って亡くなった。

なんでこういうことになったか。菅野君の持っていたエネルギーはゼロでなく「修学旅行に行けた」というエネルギーはあった。しかし、修学旅行後に学校で日常的に彼を待っているものは、また、延々と続くいじめであろうということで、彼はおそらく絶望を感じたに違いない。「修学旅行に出ていけたエネルギー」が、帰ってから「死ぬエネルギー」に転化したのである。このように、うつは非常にこわい。だから、ここで「おう、よかった」じゃなくて、このエネルギーはきわめて危険なエネルギーに転化することがあるという認識を持つことが大切だ。

すなわち「うつ」というのは、症状が上がっていく時と下がっていく時がこわい。だから、顔を見て「元気そうだ」なんていうのは、全然信用できない。最近は「仮面うつ」（マスクド・ディプレッション）というのが大流行だ。「仮面うつ」というのはとくに教養の高い人に多いといわれているが、見たところ「うつ」の感じがない。にこにこしていて、実は心の中は絶望で真っ黒なのが「仮面うつ」という。

◆不登校は生徒だけではない

この頃は生徒だけが不登校に陥るのではない。先生方もいろいろなことがあって、しんどくなって学校へ出てこれなくなってしまう場合がたくさんある。

約五、六年前に、東京と大阪では、精神科の病名で休職をした先生方が百名以上いた。それが内科の病名、私たちは先生方が休職する場合、精神科の病名をほとんどつけないで「自律神経失調症」（内科の病名）と書いたりする。だから、内科の病名で休職している先生を合わせると東京、大阪では約千人くらいの教職員が休んでいる。

校長先生はどうか。校長先生は学校では校長先生だけれど、教育委員会との間に入った中間管理職で、中間管理職の「うつ」というのがあって、これも治りにくいというようなことがある。でも、「うつ」は非常に薬がよく効くし、治療もうまくいくが、「うつ」の人もなかなかわれわれ精神科の所へかかりたがらない。

次のK新聞（一九九八年十二月二十五日・金曜日）の記事は、最近の教師がどのように疲労しているかを表している。

休む教員　〜　公立校、九七年度文部科学省調査　〜
精神的疾患の休職最多　前年度比　十六%増の一六〇九人
背景に子どもの荒れ
「文部科学省の二十四日のまとめによると、精神的な疾患で一九九七年度中に休職している全国の公立の小中高校などの教員は、前年度に比べ十六%も増え、一六〇九人に上った。九四年度から四年連続の過去最多更新。病気休職者に占める割合も三九%（前年度比二、一ポイント増）に達し、最高だった。子どもが指導に従わず授業が成り立たない「学級崩壊」の広がりや子どもの荒れが指摘されるなか、ストレスをため込む教員が増えていることが背景にあるとみられる。
体罰で処分を受けた教員（監督責任者を除く）も、これまで最も多かった前年度をやや上回った。教え子らへのわいせつ行為での処分はわずかに減った。
まとめでは、九七年度に病気で休職した四、一七一人のうち精神的な疾患は一、六〇九人。在職者全体に占める割合も千人に一、七人と過去最高だった。精神的な疾患は、調査を開始した七九年度に六〇〇人台だったが、八二年度以降は千人前後になり、九三年度から増加傾向を示している。
一方、体罰で処分を受けたのは四一四人。前年度より七人増えた。このうち地方公務員法上の懲戒処分は一〇九人(停職五人、減給三七人、戒告六七人)。残る三〇五人は懲戒処分には当たらない訓告などの注意処分となっている。

最も重い停職六か月では、青森県の中学で生徒の頭を窓ガラスにぶつけてガラスを割ったり、竹の棒で頭をたたいたりした例などがある。

訓告などを含む人数の都道府県別の上位は、埼玉三九人、愛知三七人、東京三六人、兵庫三四人、神奈川二七人で、京都府は五人、滋賀県は四人となっている。

わいせつ行為での処分は前年度比二人減の六五人。懲戒処分は四九人(免職三三人、停職九人、減給四人、戒告三人)、訓告など五人、諭旨免職十一人だった。都道府県別では東京八人、北海道、福岡各六人、埼玉、大阪各五人などの順で、京滋では滋賀県が一人となっている。」

こんなふうだから、養護教諭は学校医と協力して自分の学校では、子どもばかりでなく、このような校長や教諭の病いが発生しないように注意をしなければならない時代が来た。不登校は、子どもだけの問題ではなくなったということである。

「うつ」をはじめとする心の病いは最初は、どれもよく似ていて、たとえば「取れない疲れ」とか、「夜、寝られない」という形であらわれるから、そういう時に、精神科を受診し早期発見、早期治療すると先生本人が楽になる。今の不況とリストラ、企業間競争の中で大人の四分の一が「うつっぽい」とも言われている。日本人は非常に律儀だから、うつになりやすいということを考えていただきたいと思う。

それで、いじめ裁判が過去にどんな傾向にあったか。私たちが登場する以前の一時期には、いわゆる少年法で加害者の側にたった弁護士が「少年法でいかに加害少年を救ったか」ということで自慢げに新聞などメディアに登場するという奇妙な現象があった。このごろは「少年法に救われるうちに非行や犯罪をやっておこう」という悪賢い少年まで現われてきて「少年の殺し」「十七歳の犯罪」などが流行り、困ったことになっている。

さて、現代のいじめ裁判では被害者の弁護士（立会人弁護士）の方が登場するようになり、これは少年法の悪用を防ぐ意味でも正常になったが、この問題は非常にダッチロールをしてここまできている。そこで、先ほどの次郎君の例だが、裁判所の法廷の記述がある。裁判所では、少年審判でも必ず被告と原告がおり、いじめられて死んだ次郎君のお父さんも法廷に立たなければならなかった。いじめた方の弁護士が、次郎君のお父さんに対して質問する。そして、こういう「くだり」がある。

父親と弁護士の法廷でのやりとりの一部は：（わかりやすく、弁護士、お父さんを付け加えた）

弁護士　「中学卒業後の次郎くんの進路は考えていたんですか」

お父さん「上がれるんなら、高校とか、訓練校とか」
弁護士「本人はどう考えていましたか」
お父さん「どう考えていたか、それはちょっと」
弁護士「親子の間であんまり話はしなかったんですか」
父親「次郎とはあんまり話をしなかったです」
弁護士「学校での成績だけど、お父さんは通知簿を毎回見ていましたか」
お父さん「はい、見ていました」
弁護士「五段階の評価がありますね、『3』はいくつありましたか?」
お父さん「わかりません」
弁護士「わからないということは、通知簿を見ていないからわからないということですか、それとも忘れた?」
お父さん「ちょっとそれはわからない」
弁護士「あなた、親は誰でも子どもの教育には関心がありますよね、程度の差はあるにしても、ですよ。次郎くんが二年生と三年生の一学期、通知簿には『3』というのがなかったということをあなた、知っていますか」
お父さん「……」

弁護士「よくわからない？」
お父さん「はい」
弁護士「通知簿を毎回本当にちゃんと見ていたんですか」
お父さん「たいがい見ています」
弁護士「見ていても『5』があったか『4』があったか、あまり記憶していないわけ？」
　お父さんうなづく。
　代理人は狙った通りの反応を引き出した。すなわち教育に対する親の無関心。なおも、追い打ちをかける。（『いじめられて、さようなら』佐瀬稔著、草思社刊、四八〜五〇頁）

　こういう問答が、法廷で被害者の親と加害者の弁護士の間で、あたかも被害者の親がなにか悪いことをしたように「攻撃」される。だから、いじめの裁判は創造性のない無限のエネルギー消費を子どもに死なれた親に強いる悲劇である。大河内君のお父さんのように「裁判をやるのもしんどい」という子どもに死なれた親の言葉もよく理解できる。

　子どもさんの問題で、なにが一番大切かといえば、子どもを絶対に殺さないと願うことだ。このごろやたらに、子どもも大人も簡単に死ぬ。子どもの場合は、『死ぬ』んじゃないと思う。いじめの中で、「ちょっと向こうに行ってくる」と言って死んだ子がいる。「ちょっと向こうにっ」ていうのはしばらく休んで、様子を見て帰ってこようという意味にとれる。

ここにも、我々大人と子どもの生と死の認識の段差が見て取れるではないか。

◆いじめと死

前に述べたように「いじめられてこんなにしんどいんだったら、ちょっと向こうで休んでこよう」という感じで死んでしまう。これは死んだ子が実際に言い残した言葉だ。

こうなると「死」ではなく、「一時的休息」でまた、生還可能という考えを持っているとしか考えられない。いじめの問題ではどんな場合のものを見ても、「死」という言葉が飛びかうのが特徴だ。「死んでやる」「殺してやる」「おまえなんか死んじゃえ」「あとで絶対復讐してやるぞ」と。

山形県の場合も、事件の前に、児玉家の塀に拭いても拭いても「死ね、死ね」と、書かれてあった。かなり以前からそういうことを警察や近所の人が察知していたら「死」を防げた可能性が十分あった。で、先ほど校長さんは三人いる、また、私たち精神科医も学校医の中に加えてくれと言ったけれど、もう一つ提案がある。

それはスクールカウンセラーの問題だ。

スクールカウンセラーというのは、これはあくまでも学校の『外の人』であり、その学校の「病理」が見えても、やはり外から週に二、三日来ているのでは校長や先生方にその学校の「病理」を非常に言いにくいとカウンセラー自身が言う。

また、聞いた話では、教育委員会がスクールカウンセラー派遣を言ってきた学校では、先生が「私たちは毎日生徒と向かい合って苦労している、そんなところへ『外の人』がきて何がわかる」と導入に反対する先生を納得させるのに一週間かかったという高校もある。

一方、養護教諭はあくまでも『中の人』で、毎日、先生や生徒と顔あわせてる。そういうなかで、先生とか校長にもいろんなことが言えるというメリットがある。この問題については、学校関係者はみんな一生懸命やっている。

文部科学省は、一方では全国の大学に「生活課」を設け、従来と違った方法で大学生に生活を教えようという構想を打ち出している、だが、全国の大学に配置するだけのカウンセラーはどこにいるのだろうか？　学校問題については学校関係者も我々もみんな一生懸命必死になってやってるけれど、大学生も含むが「子どもの心の荒れ」、何とも言えない子どもの心の中のわからなさの方が、我々の努力よりずっと速度が早いし、子どもの問題行動が深刻だというのが今の現状だ。こういう時には「質」より「量」である。

「量」を多くしてから、その後、「質」を高める。多くの学校関係者たちが自分の持っている経験によって団結していくことが大切なのに、どうもカウンセリングの中でも「学校」カウンセリングというのは一番遅れている。その原因は、カウンセリングの中でも学校カウンセリングはやりにくいということだ。学校というのは、子どもたちに社会のルールを教える役割り(ソーシャリゼーション)、すなわち社会化する役割があるが、一方では生徒の気持ちを聴くということがあるので、この両者を一人の教師が行うのは難しい。大学生も含む子どもが、校長や先生に告白しにくいことを、学校の外から週二、三日、日を限って来るカウンセラーに告白しろと言うだから、これもうまくいかない。養護教諭はあくまでも『中の人』で、毎日顔をあわせていれば告白しやすいし、養護教諭も先生とか校長にもいろいろなことが言えるというメリットがある。

今、大切なのは、前に述べたように、多くの人たちが自分の持っている経験、そういうものによって団結していく、すなわち「量」、そして多くの人たちが自分の持っている経験、これが、何らかの形で文部科学省から関係者たちに直接フィードバックされてこそ「質」に転換していく。

東部中学で大河内君の問題が起こった時に、東部中学の先生が私のところへ「いろいろ話を聞いてくれ」ということで来られた。そこで、いろいろ話を聞いた時に私が「先生のところで生徒指導派と、カウンセリング派と何となく分かれてませんか」と聞いたら、そのとおりだと言っていた。

カウンセリング派の先生は聴く聴くということで、一生懸命子どもの心の中を理解しようとするが、生徒指導の先生から見れば、カウンセリング派の先生たちは聴いてばっかりいる、これでは、子どもたちに社会のルールを教える教育にならないじゃないかという空気があると言っていた。たとえば、二年間ぐらい京都大学にカウンセリングの国内研修に行ったような先生に言わせると、どうも生徒指導の先生たちは規則とか校則とかそういうことを言いすぎるという。こういうことで、カウンセリング派と生徒指導派の両方の先生が何となくうまくいかない。

河合隼雄氏が「カウンセリングが日本に上陸してきたのはたかだか戦後だ、そのなかで、カウンセリングがうまくいけば、会社も学校もみんなバラ色になると思っていた時期がある。しかし、それがいっこうにうまくいかない」とある本に書いていた。

実際、あの神戸の事件の時や金属バットの事件の時には「カウンセラーバッシング」と言って、カウンセラーの指導が攻撃された。新聞とか雑誌にカウンセラーという「怪しき職業」みたいなカウンセラー攻撃の記事が載り、私のところにも週刊誌から依頼があってコメントをくれというのでコメントした。

「カウンセリングというのはまだ若い学問だからいろいろなことがあるけれど、これはみんなが親切に見守って育てていくべきだ」ということを私は言った。雑誌の発行直前、ファックスで送られてきた原稿をみると私の話した内容と全然違うコメントになっている。それで、私は慌てて東京まで「ちょっと待ってくれ」と電話した。「あんなこと言った覚えはない。短いコメントだから今すぐワープロで打って送るから、そのまま出してくださいよ」ということで、ワープロしてファックスを送ったら雑誌のページの終わりの隅のほうに二行ぐらい載った。その前のページの大半には、べたべたとカウンセラーの批判と悪口が書いてあり「と、土屋先生はおっしゃった。だが、私たちはその間どうすればいいだろう」と書いてある。私は精神科医でカウンセラーではないから、そんなことは私の関知したことでないと腹が立った。そういう批判と悪口では、カウンセリングという新しい学問は育たない。育てていくのに時間がかかる。

精神科だって惨憺たる状態からここまできた。今だって惨憺たる状態がたくさんある。最近でも、阪神・淡路大震災の時には、日本の精神科医は外国の精神科医から言われて遅ればせながら現地に少数行った。あの震災の前に、ロサンジェルスの大地震があって、この時、アメリカの精神科医は消防車と一緒に一番最初に出動したのと大違いである。

精神科医というと、心の問題ばかり診ていると思うのは大間違いで、私たちは精神病院で自殺とか突然死に遭遇するから救急処置ができるし、患者さんが転倒するから頭も縫えるし、内科で半年も修業してるから点滴はできるし、というぐあいに、精神科医は精神科医である前に医者だということが阪神・淡路大震災の時、みんなわかった。ロスは初動で行った。だけれど、日本は後から外国に「なんで精神科医はいかない」と催促されて現地へ行った。

ある作家で精神科医の先生が神戸のある役所に「自分は精神科医だけれど、お手伝いすることはありませんか」と電話したら、役所は「精神科医はいりません」と答えた。その精神科医は当時の神戸大学の教授で友だちでもある人に電話したら「すぐきてくれ」というので、行ったら、やることが山ほどあった。あの時以来われわれは精神病院にいるだけじゃなくて、いろいろな問題があった時に出動するということが一般にわかった。

和歌山のカレー事件でも、近所の子どもが不安になるというので精神科医やカウンセラーのカウンセリング受けている。このごろは事件が起きると、近所が不安になることのないように、同じことをする。そこまではよかった。精神科医やカウンセラーがちょっとは認められたかということで、私はこれから四、五年たてば「君は軽い分裂病だから薬をちゃんと飲んでおいたら良くなるから」と病名を告げられると思った。

ところが、神戸の事件でA少年の「処遇については今後、精神分裂病などの重い精神障害に陥る可能性もあり…」と新聞に書いてある。この記事に対して、日本の精神神経学会は一言も抗議をしてない。問題にしなければいけないのは「分裂病などの重い精神障害」とは無知もはなはだしい。分裂病の軽い人などは、私たちの治療で、ほとんど分裂病とわからないぐらいによくなり、社会生活や学校生活を送っている場合が多い。

ただし、そうなるにはためらわず精神科を受診して早期発見・早期治療開始をしなければならない。最近、十年間以上、一歩も自宅から出ない「閉じこもり現象」の若者が全国に一〇〇万人から一一〇万人くらいいるということで問題になっている。この閉じこもりで四年半という人が来たが、これは分裂病で、すぐその日から承諾を得て治療した。

ということで、病気には、たとえば糖尿病は重くて、痛風は軽いなどということはない。重い糖尿病もあれば軽いのもあり、軽い痛風もあれば重い痛風もある。すなわち、心の問題というのは軽い場合と重い場合とで、どの病気が大変だということはない。だから「処遇については今後、精神分裂病などの重い精神障害に陥る可能性もあり…」という記事で早期発見、早期治療が十年遅れたのだと私は思う。それでなくても、他の新聞で「分裂病の前段階だ」とか行為障害だとか、わけのわからないことをいかにも医学的に確定したかのごとく書くことが日本の精神科に対する偏見を助長している。

行為障害や人格障害は、DSM—Ⅳというアメリカの診断基準というのがあって、それに日本人を当てはめている。日本精神医学に診断基準がないからだ。DSM—Ⅳにはいろいろな人格障害が出てるが、それで鑑定したというふうになっている。だが、記事や情報には鑑定医が言ってることはないといっていい。鑑定医は言わなかったはずだけれど、どんどん想像をまじえて広がっていく。ＤＳＭ－Ⅳというアメリカの診断基準を当てはめなかったら診断ができないという日本の精神医療の貧しさもある。精神医療というのはフランス、ドイツ、イギリス、アメリカなどでは、自分たちの国の精神医療というものを持ってる。たとえば、フランスでは非常に精神科の表現が詩的（ポエム）で、やはりその国の民俗性を表している。だけど、日本の診断基準はない。あるのはアメリカの診断基準と、国連の診断基準だ。

ところが、ＤＳＭ－Ⅳには我々が通常使用する「神経症」という言葉がない。私は当分の間「君は分裂病だ」なんて言えない。そこで、その軽症分裂病ですでに社会人として働いている人に結婚しようという相手ができ、このルームに来て、私の顔をジッとこう見て「先生、この病気は大丈夫ですか」と相手が聞く。私は「入院歴があるんだから過去はよくなかったのでしょうが、私はその前のことを知らないが、今、あなたの恋人はすごく良くなってますよと」と答える。「病名は？」と、いつ、こう切り出されないかと思って、こちらは心配している。あるいは、患者さんに病名を聞かれるかなと思ったときは、軽症分裂病なのに神経症だと嘘を言うこともある。

「先生、私は絶対分裂病じゃないんですね」とこう聞かれた。「違う違う」って、カルテをみせて「『神経症』って書いてあるじゃないか。これは公的なものであって嘘は書けないんだ」

と。そう言いながらもわれわれは、そういう言い逃れをしないといけないような、日本人の心の問題に対する貧しさに失望する。

アメリカは、私みたいなクリニックを持っている精神科の医者は、牧師とともに最高の職業であるという。なぜかというと、これは、その人あるいはその家庭の地獄を聴くからであり、そのかわり守秘義務があり、絶対秘匿しなければいけない。

共同通信という配信会社で、京都新聞をはじめ全国の地方紙は三〇回の『カウンセリングルームから』というのを連載し、京都新聞は土曜日にホームという欄に掲載した。この連載でも非常に苦しんだのは守秘義務だ。会話が書いてあるが、いろいろな症例を混合したり、入れ替えて、男を女にしたり、中学生を高校生にしたり、要するに本人が特定できないようにするなど、守秘義務というのは非常にきついものがある。アメリカでは、心でも体でも病気だったら治せばいいとみんなが思っているから、アメリカでは、分裂病でもなんでも精神科医から「十年かかりますと」と言われたら患者さんも「それぐらいかかるでしょう。体でも五年かかるんだから」と、こんな感じの応答でいける。それで、心身っていうんだから、本当のことを言ったら「心」の方が上になければいけない。それが日本では「精神科？」なんて感じで疑いの目で見られる。そういう貧しさ。こういうものをわれわれは打ち破っていかなければいけない。

今、絶対間違いなく大変なことになっているのが超高齢化社会である。私は六年半ほど週に半分、京都府宇治市の病院で痴呆老人の老人病棟で老人外来を担当した。痴呆老人は「私は誰でしょう」と自分の今のことが全然わからない（自分忘れ）。こんな人が四十五人くらい一病棟に入院していた。実は、私は医大卒業後いろいろな病院に行ったから個人的には老人を診ていたが、集団で痴呆老人を見るのは初めてだった。宇治の病院での体験はすごかった。老人どうしの喧嘩はある、そこでは牢名主みたいな老人がいて、勢力分野がはっきりしてる。盗み食いはある、そこら辺に糞を塗り付けるので、病棟に入ったらプンプン臭くってたまらない。そこで、私はは何度も辞めようかと思っているうちに、六年半経過してしまった。その時に私が感じたのは、一人のご老人に対して、ぼけているかぼけていないかは別として、だいたいその支え手、すなわち一四、五歳から六〇歳くらいまで（もう六〇歳でも老人なんて言えない時代になった）のしっかりした優しい支え手がだいたい五〜六人はいると感じた。

ところが、今、外国では例を見ない社会の高齢化がおこってきて、倫理感が無茶苦茶になっている。こういう国の中で、医療統計では、二〇二〇年ぐらいにはご老人ひとりに対して支え手が二人かそこらになる。スウェーデンとかイギリスとかは百年もかけて高齢化対策をやっているのに、いろいろな問題があって、今だにうまくいかないという。これらの国では、政府がひっくりかえる時はたいていい老人問題だという。日本は、こんなお粗末な状態で超高齢社会が頂点に達した二〇二〇年ぐらいには、このままで行けば、老人が激増してきていて、日本の国はつぶれると思う。

今後、電車でもお年寄りの席と健康な若い人の席が逆転してしまって、何にも書いてないところがあったら全部「お年寄りの席」、何も書いていない席は「若い人の席」というように現在と逆になる。あらゆる工夫をして都市改革しないと、普通の老人でも外出したら、うろうろ迷って、外出できない。とにかく、あらゆるものがものすごく機械化しているから、ご老人は梅田なんてもう行けなくなる。

いじめがさかんにとりあげられた頃、私は東京NHKに毎週呼ばれた。NHKでBS1テレビに出演するため（あの頃はいじめがすごく多かったから、たいていNHK東京局に何回も出演した）に、東京に行ったとき、NHKは普通「東京駅から渋谷までタクシーで来てください」というが、その時に応対したNHKの人がいつもと違って「渋谷の駅でおりて徒歩で来てください」と言われた。そこで、渋谷の駅に、夕方についた。渋谷の駅では、通勤者などは普通の切符や定期でスーッと通過している。私のは新幹線の大きな切符で入れる箱もない。駅員を捜しても改札口に誰もいない。うろうろと10分くらい歩いて、駅員のいるところへ行って出られたが、こんなところへ老人は行けないと思った。また、都営地下鉄で機械を押していたら、同じ切符が一〇枚出てきて落ち込んだこともあった。

老人が激増したら、「私は誰だかわからない。私は誰でしょう」なんて訴えて、痴呆老人が警察にくるということになって、おまわりさんは交通整理なんかしていられなくなるだろう。痴呆老人は絶対銀行を信用しない。私たちでも最近は信用しなくなったが、老人は前から信用しない。だから、老人は必ず一万円札を風呂敷に包んで胴巻きに入れ入院してくる。物忘れがひどくなって、財布をどこにやったのかわからない。だから、これからは外でもあっちへ一千万円、こっちへ一千万円がころがって、誰が落としたか、おまわりさんも届けられても困りはてる。

今、コンビニなんかで納豆なんか売っているが、そでに小さな辛子の袋がついている。それをよく見ると、かすかにすじが入っていて、そこから破ぶれるようになっているけれど見えにくい。ごちゃごちゃとやってるうちに、バッと顔に辛子がかかったら、「これが老化かな」とがっくり落ち込む。

いろんな意味で老人というのはとにかく心細い。だからこそ、今の知的優先教育を改めなくてはいけない。すなわち、センスを養える教育。二〇二〇年に向かって、たとえばご老人がそこを歩いていて「こけ」そうになった時に「大丈夫ですか」とパッとと手を出せる若者。これはいい大学を出たからできるわけじゃない。いい大学に入ったら、かえってよくないということもあるかもしれない。彼らは考えることばかりやっていたから「うーん。この老人は助けるべきか、止めるべきか」なんて考えてるうちに、その老人はその辺に頭をぶつけて頭蓋内出血で死んでしまったなんていうことが起こりうるかもしれない。

だから、これからの本当の教育はそういうセンスを育てることが日本には非常に大事だ。それが自分の友だちを、今、いじめているような子に任せることはできない。要するに、実数として二人か三人の支える人が必要のだ。その二人か三人の支える人が賢くなかったら、その人たちがそういうセンスがなかったら、日本の国はもう終わりだということだ。

日本で福祉の優秀な地区が二つある。東の東京、西の滋賀。たとえばびわこ学園、あそこの第一びわこ学園の園長は、私の二回目の大学のときの友人だが、このようにいろいろな学園とか知的障害児とかそういうのを診ている施設が滋賀にはたくさんある。東の東京、西の滋賀で、京都じゃない、京都は疑問がある。大阪にも疑問がある。そういう意味で教育をもっと広い角度から見ていく必要がある。

われわれは非常に苦闘しているけれども、教育委員会をはじめとして皆が努力していくということが、日本の危機を救う非常に大事なことになるかと思う。

第七章　家庭を考える

◆祖父母との関係悪化

この頃、私のカウンセリングルームで、子どもと血縁の祖父母（同居しているか、していないかにかかわらず）との関係が悪い事例に、頻繁に遭遇するようになった。

六年半ほど前に週に三日勤務していた病院の老人痴呆病棟では、祖父母が入院しているところへ孫が面会に来て、聞くともなしに聞いていると、実にほほえましい会話を聞くことができた。

その娘さんは、父親ががんで急死した後に母親が働きにでて、その間、おばあちゃんが娘さんの養育を引き受けて、よく世話してくれたということをひどく恩に感じているようで、最後は娘さんが現在の仕事を夜できる仕事に変えて、昼間おばあちゃんを看護できるように、体制を整えて退院し家につれて帰った。

このような病院の入院では、年寄りばかりなので、当時はほとんどが「亡くなって退院」という老人が多かったなかで、この事例はほほえましく感動した。

ところが、最近は冒頭に述べたように、子どもと、血縁の祖父母との関係が悪いことが多い。

子どもたちは、一般論としては社会でいちばん弱く、大切にしなければならないのは老人であることは幼い頃から教えられているし、その認識は持っているはずだ。それでも、対象が自分の祖父母だと話は別になってしまう事例が多いのはどうしてだろう。このような事例は、どちらかというと不登校の子どもとその祖父母の場合に多い。

その極端な事例は、北海道で父母がおらず、祖父母と中学生の子どもたちだけの家庭で「夜、帰宅が遅い…」と注意を受けた子どもたちが、祖父母を殺し、子どもたちだけで自動車で運んで、殺した祖父母を山林に埋めた事件である。

「夜、帰宅が遅い…」と注意を受けただけで祖父母を殺すこともショックだが、子どもたちだけで自動車で死体を遺棄しに行ったということは、常々、無免許運転をしていたことになる。この家庭の「荒れた」状態がすでに前から存在したことが推測できる。

さて、仲の悪い代表である不登校の子どもとその祖父母の場合については、まず、祖父母が自分が子どもの時には学校は行くのが当たり前で、「不登校」に陥っている現在の孫の気持ちがどうしても理解できないことがあり、「不登校」の自分の孫に「小言」のひとつもつい口にするということになる。

また、私は老人病院や老人ホームでの老人治療、介護の経験も長いが、老人になると話が「くどく」なる老人も多いので、「小言」のひとつどころではなくなって、子どもたちの気持ちを「逆撫で」し、極端な場合は、北海道での祖父母殺しのようなことも起こる。

不登校の子どもでなくても、最近は心の薬の発達で、病院に入院しなくても精神科クリニックに通院することで、あとは「ぶらぶら」しているかのように見える少年・少女や若者を祖父母が目にすることも多くなった。祖父母が、若い頃は「心の病」と言えば精神病院に入院していて、祖父母が目にすることがなかったのである。

最近、私のカウンセリンググループで苦労している事例では、祖父母たち、父母と子どもたちが一緒に暮らしているが、百歳にも手が届きそうな祖父が家庭の全権を把握し、父母と子どもたちは、その悪影響で父母間の仲も崩れ、子どもたちは全員学校不適応になっているという、現代では考えられないこともある。ここには、現代の家庭では父母と子どもたちが中心の構成員で、祖父母たちはその外側で程よい距離を保たないと家庭は歪むということをあらわしている。

いずれにしても、戦中、戦後で食料をはじめ、物資の不足に悩まされた現代の老人たちと、欲しいものは何でも手に入る、学校は行かなくても父母や学校はほとんど文句を言わないで理解を示す、昔と今の時代差が子どもと祖父母たちの不仲に代表されており、少子化が進むなかで家庭内のこの「ずれ」は、ますますひどくなるように思える。子どもと祖父母たちの間にたって、父母は上手に「かじ取り」をしないと不幸が起こる。

◆家庭は密室である

いじめの項で、この現象は「たった一件といえどもその真相がわかっている事例はない」と述べた。いじめを例に挙げたが、家庭問題はどれでも同じで、プライバシーというものがあるかぎり須磨の事件にしても、その真相が世の中に明らかにされることは絶対にない。家庭というのは密室である。密室の中でどうなっているのかはわからない。

欧米では、プライバシー、すなわち来談者の心的内界や家庭問題を聴いてもむやみに外へもらさないという意味で、アメリカなどではクリニックを持った精神科医と牧師に最高に敬意を払うという。

だが、日本ではたとえば内科や小児科の学校医の先生が「これは対人恐怖ではないかな」と思って「精神科医のところで診てもらったらいい」と家族に対して非常に言いにくい。精神科医というと非常に特殊な医師、精神科疾患いうと非常に特殊な病気と思われているからだ。

ところが、私が平成八年に日本医師会の最高功労賞を受賞したのは、日本医師会の学校医部会で、この頃、学校医の会合の中でいつも話題になるのは、学校医がご自分で処理しうる身体の問題ではなく、不登校とか神経症とか閉じこもりとか、そんな心の問題ばかりだということに由来している。心身というくらいで、日本はこの「身」のほうは優秀な学校医がたくさんいるが、「心」の方は偏見が強く、精神科医が学校医になっている例はめったにない。

耳鼻科の学校医が子どもに「めまいがする」と訴えられて診察してみても異常がなく「これはおそらく心の問題だろうから精神科の医者に診てもらった方がいい」と思っても言い出しにくいし、精神科医の学校医はいないので困惑する。私が、今、この受賞をひとつの機会にして主張しているのは「学校医として、この心身両方の医師を置く必要がある」ということだ。

Aドクターが内科の学校医だったら、別に精神科の学校医も並んでいる。Aドクターが診て「どうもこれは心の問題だな」と思ったら、学校要覧の中に、精神科医と書かなくてもいいが、別に精神科医の学校医の名前も書いてあるというようにする。

精神科医は少ないので一〇校に一人くらいしか配置できないが、学校要覧の中に並記してあればAドクターは「これはこの（精神科医の）先生に診てもらった方がいい」と子どもの家庭に言える。

養護教諭の場合と同じだ。一般に、心身というくらいだから学校医に必ず「心」の学校医も入れてくれと、私は主張している。

ところが一般には、まだ、精神科医というと精神病院におり、「心の病」とりわけ精神分裂病などはすごく恐いと「死刑宣告」を受けたみたいに思っている人が多いが、実際は現在、精神科の薬はすごく発達しており、以前は治らない病気であった精神分裂病も、今は早期に発見し、早期に対応すれば三か月くらい薬をきちっと投与すると急激に軽快する。うつ病は、さらにその効果が高い。だから、早期に精神科を受診し精神科医が病気を発見し、早期に対応することこそ不可欠であるのに、多くの事例では発病から四年から五年くらいたって「誰が見たって普通の状態じゃない」というところで受診する。すなわち、完全に手遅れになってから受診するから、なかなか軽快しない。

内科の先生でも、気軽に精神科を紹介してもらえる時代が早く来ることを願う。こうなると、心の病をめぐる状況もずいぶん変わる。アメリカなどでは「心」でも「体」でも病気になったら一緒だということで、精神科医がファミリードクターに（家庭医）になっている。

アメリカの家庭では「だれだれ精神科医がうちのファミリードクターだ」ということで、何でも気軽に相談できるというのが、アメリカの国の心の病をめぐる状況だ。

かかりつけの精神科医をファミリードクターとしてもっていることが、その家庭のインテリジェンスを表わすと言われている。

日本は何となく「精神科医は普通の医師ではない、精神障害は恐い」というイメージがある。だから、私の所はクリニックでも医院の看板を出してない。ただ「土屋」の表札があるだけで、一般住宅風にしてある。そのうえ、インターホンの所に「インターホンを押さないで中に入ってお名前を告げてください」とはり紙をしている。私のクリニックは予約制だから、外から「だれだれが来ました」などと自分で名乗らないですむようにしており、隣り近所に名前が聞こえると、それだけでクライエントが傷つくことを回避するように工夫している。子どもでも、○○精神科医院とか○○神経科に行くより、私のクリニックへ来たら「ピンポン」とベルを押すだけですむというような配慮をしている。

◆家庭の蜂の巣構造

最近、子ども社会で起きている出来事が、須磨区の事件の頃から質的にも極端に変化している。極端な場合は「殺し」だ。子ども社会が変わっている様子が歴然と見えてきた。文部科学省をはじめ、教育委員会などの教育関係機関は、今、対策に必死だが、子ども社会が悪化する速度が教育関係機関をはじめ、大人の教育的努力より勝るという残念な状態があり、最近では子ども社会が手本にするべき大人社会も自殺や奇っ怪な事件によって汚染されている。

このようななかで、各種の学校が関わる問題が急増している。いじめは増え、殺人では須磨区、奈良県月ヶ瀬村、福岡県で連続的に発生した。そのあとに起こったのが、黒磯北中学校の事件で、先生が自分の学校の生徒に、廊下でナイフで刺し殺された。少年の凶悪事件は、我々専門家でももはや完全にお手上げ状態で、子どもの真の姿がもう見えてこないという状況が全国的にある。

私は一昨年の年賀状に「日本はナイフと薬の子ども社会になるだろう」と書いた。そうしたら、その年頭にシンナーを吸っている少年が路上で親子を殺傷したという事件にはじまって、続々と少年の凶悪事件が起こった。ナイフ、シンナー、あるいは覚醒剤。というように、薬にいたっては最近はたとえば大人の社会でも和歌山のカレー事件、それから、われわれ精神科医が使う睡眠導入剤を使ったような犯罪のようなものが続々と起こっている。さらに、インターネットなどが犯罪に使用されるようになるなど、社会がどんどん変化している。そのなかで、子どもが見えなくなっていく。

先ほど、我々専門家でもお手上げ状態で、子どもの真の姿が見えてこない状況が全国的にある」と述べたが、最近の後をたたないいわゆる「少年事件」について専門家であるという前にひとりの日本の大人として、「殺した・自殺した」という事件があまりに多すぎると懸念している。

しかし、この場合、私たち大人が「自殺した・殺した」と考えるのと、子どもたちが実際に無意識に犯している行為と全然内容が違うのだと私は思う。一言で言うと、最近、子どもたちの「個」の精神内界（心の中）がわからなくなってきたことを痛感する。それから、子どもの「社会」もこれまで以上にわからなくなってきた。そもそも昔から、子ども「社会」は大人には知らされなかった。子どもの社会は「閉じた社会」で、子どもたちは子どもの社会で起きたことを大人に言わないのがルールだった。

私は、このことを「いじめ」を扱っていて痛感した。大河内君のお父さんでも「問いつめても言わなかった。それであゝいうふうに亡くなっていった」と言われる。「いじめ」を扱って以来、「昔から子どもの社会が大人には閉じていたのだ」ということはわかったけれど、今度は「個」がわからなくなってきた。個人個人の子どももその心を閉ざしてしまった。

（たとえば私が管制官になる）「今どこで飛んでいる」とか「気分はどうか」というような会話をする。そういう形で、家の外に管制官がいて客観性をもたせてはじめて家庭問題が解決できる。各家庭でその問題を解決しようとすれば、逆に家庭の中の全員が悪循環を起こしていく。こんな状況を家庭（家族）病理の悪化という。

プライバシーのために、家庭のなかは密室になる。だから、よく事件が起こったあと、「あの家庭は非常に明るい家庭だった」とか「お父さんが教育熱心だった」とかいろいろなことをまわりは言うが、実際に家庭のなかでは何が起こっているかはわからない。

「蜂の巣構造」のところでも書いたように、「ただいま」と言って帰ってきた子どもが自分の個室がある二階へ上がっていって、ご飯の時だけおりてくるというようになる。大切なことは、常々、学校であるいは家庭で子どもがどういう状態になっているか、親子のコミュニケーションをつけておかないといけない。なるべくそこで会話をするとか、一緒に風呂へ入るとか、バーバル（言葉）コミュニケーション、ボディー（身体）コミュニケーションを一生懸命つけていくという積み重ねていく、子どもの状態を覗く機会を多くするというのが大切なのだ。

私とクライエントの子どもが診察室で話す内容をたまたま隣の部屋で聞いていた親（今は親が隣の部屋で診察室で話す内容を聞けないように改造したが…）が、子どもが診察室で話す内容と普段、家庭で話す内容のあまりの違いにびっくりしている。このように、コミュニケーション不足という場合が多い。

心の問題は、どうしても外に露呈したがらない傾向にあるが、少しでも「変だな」と思ったら、専門家（一人に絞られた管制官）に相談することが必須のことである。私の子どもまで含めて、「私の家とか私の子に限って安全だ」ということは、今の日本では絶対にあり得ない。

養護教諭でも学校医でもいいが、鍵になる人間と相談する、家庭がいわゆる「風通しがよくなる」ということと、最終的には専門家が、しかもなるべく長く相談にのるということが大事である。

今の日本では、精神的に子どもが大人になるのが三〇歳以上だということはたびたび述べた。

このことから考えると、子ども、たとえば平成九年六月に起きた須磨の事件の十四歳の男の子は、精神的には三歳か四歳の子どもと同じだったことを示している。

あの男の子が被害者の生首を学校の前に置いたが、私は今だに本人は自分が「生首を置いた」と思ってないと思う。粘土でもこねて、それを切って、それを置いたと同じだと思ってると思う。

あの事件を見たときに私は「宮崎勤型」の事件だろう、宮崎勤ぐらいの年齢を想像し、犯罪構成能力の問える年齢を想像した。「酒鬼薔薇聖斗」の犯行声明が出た時でもそう思った。ところが、実際には十四歳の子どもだった。

私が宮崎勤ぐらいの年齢を想像した動機は「酒鬼薔薇聖斗」の犯行声明の内容が少年法適応の子どもの書いたものに思えなかったからであった。ところが、あとから考えてみると、この十四歳の子どもは、非常に精神的には未成熟な部分に、非常に歪んだ最新な大人の情報が結合していたのではないかと思う。あの少年の精神内界にはいろいろな視覚メディアを中心とする情報、テレビは無論、劇画とかそういう歪んだ最新な情報が入ってる。犯行声明は、獲得した歪んだ最新情報から機械的に引き写せば十四歳の子どもでも容易に作成できたものであった。

このあたりにも、今の子どもと大人の常識の「ずれ」が鮮明になる。

精神的には未成熟な子どもに、非常に歪んだ最新な大人の情報が結合した場合、子どもには実体験がないので、現実と仮想がわからなくなってしまう。これをバーチャルリアリティ（仮想現実）という。

この十四歳の逮捕の翌日、私はY新聞に次のように書いた。

[子どもの死生観変容]…今回の事件の容疑者が十四歳の中学三年生であったことは、犯行方法の残虐性からしてまさにショックである。

この四月、私の患者の高校生が見知らぬ中学三年生にナイフで背中を刺されるという事件を経験したばかりであった。父親の話では、同じ年ごろの子どもが驚くほどたくさん、警察に捕まっていたという。

なぜ、こんなにも子どもたちの心がすさんできたのだろうか？

精神科医として思春期・青年期を診る場合、個人病理・家庭病理・社会病理と、それぞれについて検討するが、高学歴志向社会である日本では、これらに学校病理が追加される。それぞれの病理は、ばらばらなものではなく、相互に関連性をもつ。

この中学三年生の容疑者には、個人病理として猫を惨殺するなどの残虐性があり、「弱ければだれでもよかった」という卑劣さがあるが、見逃してはならないのは今の子どもたちの死生観の急激な変容である。

この現象にはいくつかの要因が考えられる。核家族の進行によって、子どもたちが祖父母などの死をみとることが少なくなった。また、メディアの発達によって、子どもたちは日常、仮想の「死」の「被爆」を受け続けている。劇画、サスペンスドラマ、推理小説、推理もののテレビ番組などで、一日、何回となく「仮想の死」を体験する。仮想の死の体験が、子どもたちの死生観を急激に変えていく。社会病理が個人病に影響を与える典型例が、子どもたちの死生観の変化である。

この容疑者の家庭病理については情報がなく不明であるが、家庭の教育力やしつけが年々、低下していることは一般の調査でも言われ、私も診療・カウンセリングの中で痛感する。

すなわち、一般論はいくらでも知っているが、自分の子は「どうしようもない」と嘆く親や、とくに奮闘する母親をよそ目に「評論家」である父親が目立つ。

蜂の巣のように、同じ巣（家庭）にいても、会話や身体でのコミュニケーションもないバラバラな家庭が多い。大河内清輝君のいじめられ自殺を契機に、文部科学省が「教育の根幹は家庭にある」と主張し続けていることを、われわれ家庭の大人は、再確認すべきである。

義務教育への恨み、まさに学校病理である。その内容はまだわからないが、容疑少年がどこかの段階で心に傷を負ったことは事実であろう。子どもたちに夢を持たせるためには、「マネ・モノ」社会から「ヒト」を育てる教育への大幅な転換が急務だ。

具体的には、教育を知識偏重なものから「生きる意味を考えさせる教育」「弱者に優しい教育」「しなやかな心を身体を育てる教育」へ変え、「私の子ども」思考から「子どもは社会の宝」思考への転換をはかることだ。

◆「キレル」「ムカツク」

それから「キレル」とか「ムカツク」とかいう状態が、精神的成熟性がないことを表している事件には、黒磯北中学校の先生が生徒に刺殺された事件や、平成十年五月に京都の左京区の一乗寺公園で深夜に起きた中学三年生を、同じ中学校に通う同級生と先輩の高校生合わせて十数人で呼び出し、集団暴行を加え被害の中学三年生が硬膜下血腫で死亡した事件がある。

［無言電話トラブル？　中高生動機など追及　K新聞　一九九八年五月二十四日］

京都市左京区の一乗寺公園で二十二日未明、公立中学三年の佐保礼央君（14）が意識不明の重体で見つかった事件で、硬膜下血腫と診断され意識不明だった佐保君は二十三日午後、収容先の病院で死亡した。京都府警少年課、捜査一課と下鴨署に傷害容疑で逮捕された同区内の中学三年生の男子生徒二人＝いずれも（14）＝と高校一年の男子生徒二人＝同（15）＝は、調べに対し「仕返しをしてやろうと思った」などと動機を供述しているという。

調べでは、四人は二十二日午前零時ごろ、公園のトイレ北側で殴る蹴るの暴行を加え、佐保君の頭などに意識不明の重体となるけがを負わせた疑い。

府警は、佐保君が死亡したため、四人の容疑を傷害致死に切り替えて、二十四日に送検する方針。調べによると、逮捕された中学生は佐保君と同じ中学に通う生徒で、高校生は同中学の卒業生。四人は「今年に入って、佐保君が無言電話や嫌がらせの電話を何度もかけてきたので仕返しをしてやろうとした」と動機を供述、「こんなことになるとは思わなかった」と話している、という。

府警によると、四人は他の少年や少女約十人とともに、携帯電話で佐保君を呼び出したが、現れなかったため、付近を捜して佐保君を見つけ、公園に連れて行った。無言電話などについて問い詰め、佐保君が「自分じゃない」と反論したが、主に四人が暴行を加えた。

佐保君が動かなくなったため、大半の少年らは公園から逃げたが、逮捕された一人を含む高校生三人は気になって残り、一一九番通報した、という。

府警は、一緒にいた他の少年からも事情を聴き、事件の全容解明を進める。

◆なぜあの子が

「なぜ、あの子が」「なぜ、死なせるまで」佐俣君や逮捕された少年が通っている中学校や地域の父母に驚きと動揺が広がった。加害者の中学生二人は学校もほとんど休まず、とくに問題行動のない生徒だった、という。学校や家庭に心や体の「居場所」を失い、公園やコンビニに群れる少年たち。深夜のありふれた光景が、事件の向こうに見えてくる。

佐俣君は今年二月ごろから欠席がちになったが、春休みのラグビー部の合宿には参加していた。二年の女子生徒は「友だちが多く、女の子にも人気があった」と話す。事件現場の公園には、夜になって男女の高校生が花束を持って訪れ、「みんなとても仲がよかったのに」と目頭を押さえた。

一方、逮捕された二人の中学生も、校内では問題を起こしていないという。また、逮捕された高校生二人が、佐俣君と今年二月ごろから一緒にいるのを教師たちが見かけていたが、学校側は「問題が起きるような間柄には見えなかった」。京都市教委は「事態に至った原因を徹底調査をしなければ」（宮本修生徒指導課長）と戸惑う。今回の事件は、子どもたちが普段から深夜に外出し、公園などに集まっていたことがきっかけだった。

市教委の調査では、無断外泊や家出する中学生は、一九九一年度は八〇八人だったが、一九九五年度は四八〇人と減少した。ところが、一九九六年度五三一人、一九九七年度は六五六人と、しだいに増加傾向を見せている。

佐俣君と逮捕された二人が通う中学校には、土曜休業だったこの日午後午後二時すぎから教師が次々と登校、会議を重ねた。記者会見に臨んだ校長は「逮捕された少年が卒業生や在校生であったことは残念でたまらない。在校生は仲が良く、事件の原因はまったくわからない」と、困惑を隠せない。学校は、二十五日朝に全校集会を開いて事件について説明する。

佐俣君と同級の息子を持つ母親（42）は「事件のきっかけが何だったのかを知りたい」と話し「『なんやお前どうしたんや』と問いかける人はいなかったのか。SOSを出しやすい状況があれば、事件を防げたのでは」と声を詰まらせた。高校生の子がいる父親（53）は「息子もよく深夜に外出する。信頼していないわけではないが、事件を知った日は、思わず息子の服に血が付いていないか、確かめた。深夜の外出は良いとは思わないが、体罰や厳しくしかることで収まるとも思えないし……」と不安げに話していた。」

佐俣君が十数人に呼び出されたのは「佐俣君が無言電話や嫌がらせの電話を何度もかけて

きたので仕返しをしてやろうとした」という驚くべき単純な動機に基づくもので、加害者たちは「他の少年や少女約十人とともに、携帯電話で一乗寺公園に呼び出した」と供述しており、「子どもたちが普段から深夜に外出し、公園などに集まっていたことがきっかけだった。…公園には、夜になって男女の高校生が花束を持って訪れ、『みんなとても仲がよかったのに』と目頭を押さえた」との解説記事からも、この公園には夜な夜な子どもたちが常習的に集まっていたこと、このような「舞台設定」の中で男女の高校生に「みんなとても仲がよかったのに」と言わせる「普通」の少年や少女が「キレ」たり「ムカツ」いたりすると集団心理も手伝って、いとも簡単に殺人を犯すということがわかる。

この事件の翌日、私はＫ新聞に次のようにコメントした。

［集団心理働き歯止めきかず］　子どもの仲間うちで問題が起きると、以前なら「いじめ」になったのが今は殺傷事件になってしまう。厳しくしつけられていない最近の子どもは精神的成熟性がなく、感情を押さえられずにすぐ「キレる」。さらに、集団心理が働くと歯止めがきかない。手を出したあとで事の重大さに気づき、しょんぼりする子どもがほとんどだから、周囲の大人は「なぜ」と思ってしまう。教育の根幹は家庭にある。親はしつけとともに、無断外泊や深夜の外出を厳しく禁じるべきだろう。不幸な事件だが、すべての親が危機感を強める契機にしてほしい」

黒磯北中学校の先生が生徒に刺殺された事件は、被害者が教師、加害者は同じ学校の生徒ということで、その後あまり詳しい情報はなかったが、あの時に生徒がナイフで脅したのに教師が毅然としてあの生徒に立ち向かったから、生徒は「キレル」か「ムカツク」いて、すなわち意外な教師の態度に逆上してナイフで刺したと思う。教師が芝居でも「恐いから勘弁して」と言っていたら、生徒は逃がしてくれたろうと思う。要するに「俺がナイフをこうして脅してるのに、おまえはそれにビックリしないのか」と言って、彼はキレたと思う。

子どもや若者たちの精神状態がこういうなかでたくさん出てくる。私たちは日本の今の子どもや若者たち状態が起こっている原因の根幹がここにあると思う。雨嵐のように降ってくる視覚メディア、とくにテレビ、漫画の歪んだ情報、それと子どもや若者たちがその中に生きてるということ、それと成熟性がなくて、現実と仮想、すなわち現実でないものと区別ができなくなってしまうという状態が、すべての子どもや若者の事件、すべての学校問題の基礎にあって、今日の悲劇をもたらしてると思う。

付章　対談・・心の教育にどうかかわっていくか

森　今日は心の教育に深く関わっておられる土屋先生をお招きして、この問題について話し合いたいと思います。先生のことをご存じの養護教諭もかなりいらっしゃると思いますが、先生が養護教諭と関わるようになったきっかけからお話していただけますか。

土屋　私が高校の教師を十三年間やってから精神科の医者になって京都へ帰ってきたときに、京都府教育委員会から養護教諭の全府大会に呼ばれたのが最初だったと思います。そのあとは、森先生にご紹介を受けたのが多いのではないかと思いますね。それから、ずいぶんご縁が深くなったわけです。

森　先生の場合、最初から精神科に絞ってはじめている。それは過去に高校の教師をやったことが原点にあるのですか。

土屋　ええ。もっと遡れば、私自身、神経症で三年間すごく苦しみまして、高校を中退しました。また、生徒指導部の教師も経験しましたが、当時はカウンセリングという名を知らなかったけれども、今考えてみるとそれに近いことをずいぶんやっていましたね。その後、精神科医になって、たまたまその方面の知識も身につけていった、という感じです。だから、自分の通ってきた全経過から、私のやり方になってきているのではないかと思います。

森　そういう活動の中で注目されたのは、娘さんと書かれた『私のいじめられ日記』だろうと思います。「先生、いい加減にして！」と訴えていますが、われわれ学校教育に関わっている人間にとっては、衝撃的なタイトルですね。そうまで言わしめたのは何だったのですか。

土屋　自分が体験しなければ、いじめは「いじめ」の言葉として終わってしまうのですね。あの問題がでてきて、しかも私自身、娘がいじめられているのを半年も知らなかったという、非常に痛烈な体験をしましたし、怒りも随分ありました。教師をしていましたから、私はむしろ教師に対して擁護的な立場でした。でも、あの『いじめられ日記』が出てから、「先生は人が変わった」と言われたほどです。でも、今は違います。神戸の事件が起こってからですが、どこが悪いという問題じゃなくて、大変な問題だ。小異を捨てて大同につくという観点に立たなければ、日本の社会は救えないのではないか、という立場をとっています。

森　教師は変わってきていますか。

土屋　変わってきていますね。テレビでいじめの番組をいくつも撮りましたが、それを見ても、刻々と変わってきているという感じが明らかにしました。でも、先生や親の変化よりも、子どもも社会の悪い意味での変化の速度がずっと速かったのではないかと思います。それが須磨以来の私の反省です。先生は、随分がんばっていると思います。だけど、それだけで対応できるのかということについては、疑問に思います。

森　診療をやっていて、いじめをキャッチすることはありますか。

土屋　あります。何となく元気がない子どもが来たときに、服を脱がせてみます。そうすると、アザだらけということもありますね。いじめには、自分がいじめられているという実感がないいじめというのが結構多い。そういう意味で、不登校とは違う。

森　校内暴力が騒がれていた時期から、子どもがかなり変わってきたと専門家、評論家も言っています。先生の目から見ると、どういうふうに変わってきているのでしょうか。

土屋　われわれの間では、日本人は三十歳にならないと精神的に大人にならないというのが常識です。逆に体だけは発達している。こういうアンバランスさが、さまざまな問題を引き起こしている一つの原因とも言えるでしょう。また、荒れというのは明らかに対象があって、その対象と自分の意見が合わない。そういうときに出てくる一つの行動だと思います。だけど、ナイフの問題にしても、別に相手は誰でもよくて、衝動的にカッとなったときに思わず無意識で行ってしまう行動です。教師がけしからんとかいう大義名分みたいなものを持った、かつての行動とは違うと思います。もっと動物的というか、反射的な現象だと思います。それと、視覚メディアの影響ですね。毎日いろいろなものを目にするなかで、バーチャルリアリィティというのが子どものなかにあって、殺す、凶器を振り回すというのがどういう意味を持っているのか、全然わかっていない。カッコいいという形でしかない。

森　最近の大学生で特徴的なのは、一つはガラスのような学生たちと言うことです。とにかく大切にしないと、ちょっと衝撃を与えるだけでキレるというか、挫折する。もう一つは、人との距離感を持てない学生が多くなっている。非常になれなれしかったり、逆にすごく距離を置いたりと区別がつかない。あと一つは、むなしさを訴える学生です。それらが今の学生の三大特徴とみています。また、大学院生の精神相談や生活相談を受ける率がどんどん上がってきています。私が最近思うのは、サービスしすぎることが、逆に中途半端な学生づくりに貢献しているのではないかということです。これまで先生や友だちに相談していたのが、ちょっとした悩みでもカウンセラーのところへ相談にいくようになってきています。これが、心の発達にどう働くのか、問題だと思います。

土屋　先生が最初におっしゃったガラスのような感じ。これも私はよくたとえますが、水のみのガラスのビンをキリでぱっと突くとピピーッとヒビが入る。ああいう感じですね。非常にキズつきやすい。それから、対人関係構造が非常に下手だ。若者どうしが互いをじっと見ている、あるいは近寄ってもスルッと抜けるような。バンと当たると両方ともキズつくでしょう。それを避けるから、いつまでたっても、オレとオマエはここが違って、ここは一緒なんだと認識をすることができないのだと思います。それに、何ともしれない虚無感。ＤＳＭ―Ⅳ（精神障害分類と診断の手引第四版）に、神戸の事件の精神鑑定で一躍有名になった境界性人格障害という病気がものすごく増えています。その大きな特徴が、キズつきやすい、人との深い人間関係がつくれない、それから虚無感が非常に強い、ということなのです。あと一つ、心の相談ですね。これはおっしゃるとおりで、戦後子どもの心を理解し、聴こうと努めた。ところがそういう子どもたちに、親も家庭も地域もやっていいこと、悪いことを教える作業をしてこなかったのではないでしょうか。だから子どもたちは、聴かれて当たり前、サービスを受けるのが当然となってしまった。それに、父性的なものはどこかにいってしまったのではないでしょうか。私が父性的な役割をやっていることが結構多い。一人の子に、四、五年にいっぺんぐらい怒鳴っています。理屈で怒鳴るのではなくて、私がカッとするんですよ。「あんまりじゃないか。一年もオレはオマエの主張について我慢してきているんだ。出ていけッ」と。とくに、父親が子どもを叱るということをしなくなりました。両親とも母親みたいになりました。学校もそうです。すべてがそうなっているなかで、子どもは一体どこに楯突いて自分を成長させていっていいのかわからない。「アンタの言うことはよくわかる。なるほどそうや」と言う。本当は違うところはいっぱいあっても、それを言うと自殺したりいろんなことが起こるから、ビシッと言えなくなったのではないか。

森　河合隼雄さんも、父性原理がすごく大切だってよく言っていますね。父性原理がしっかりとしないと子どもがダメだと言うのは、理屈としてはわかりますが、それを要求しても、父親がんばれと言ったって、父親自身ががんばれる状態にないと思うのです。たとえば、子どもに心の教育をやりましょうと言って、いくら子どもだけいじっても、大人のほうが全然変わらなければ子どもも変わらない。

土屋　先生がおっしゃったように、オレを見てみろという生き方が日本の男性はできなくなっていますよね。会社人間になってみたり、汚職をしてみたり…。だからこの前のナイフの事件のときは、非常に象徴的でしたが、新聞の一面の片方に大蔵省の汚職の問題が載り、同じ紙面に子どものナイフの問題が出てきたでしょう。要するに大人社会の反映として子ども社会がこうなっているわけだから。私も神戸の事件をきっかけに、去年からカウンセリングのやり方をちょっと変えてみました。家の中で父親が強くなきゃいけないということはありませんよね。母親が父性的でもいい。だけど両方が母親ではいかん。たとえば子どもがオレは病気じゃないとか、いろんなことを家で言っているとします。そういうときには、「先生はアンタが病気じゃなくて、心の病気はどこにあるかねと言っていた」ということをはっきり言いなさいとアドバイスします。そうすると案外、入院の必要な子どもは入院したりします。

しかし、「キミは分裂病だよ」というような、告知みたいなことは言いません。しかし、「アンタは生き生きしてないことは事実や。学校も行けてないし、家で時々乱暴しているようだし」、そういうことははっきり言いなさい、自分の子どもの状態について「父親として心外だ」ということが全然言えていない。それを言うと、かえって父親が子どもに対して信頼されるという場面が出てくると思うし、そういう事例を持ってもいます。

森　一方では、十年ぐらい前までは、森田健作さんみたいな人とか、金八先生の時代じゃない、と言われてきていますね。

土屋　教育の根幹は家庭にあると、文部大臣だった与謝野さん（当時）もはっきりいっています。たとえば、諸外国のように、学校の拘束時間を少なくして、家庭教育、いわゆるしつけをきっちりやる。学校ができもしないものを背負わない。できませんとはっきり言った方がいいと思います。ところが、学校の先生をみていると、校長が父兄と文部科学省の間にはさまってどうしようもない。そんな感じがしますよ。極端に言えば、校門を出たあとは「これはうちの学校の生徒ではなくて、おたくの家庭の子どもなんだ」ぐらいに。たとえば、生徒が交通事故にあったとき、東京に会議に行っている校長が帰ってくるというんですよ。これはあまり関係ないでしょう。それが日本の学校の今までのあり方です。一方で、学校の校長だけがばたばたしていたらいいというときでもないと思います。だから私は「養護教諭」

は「心の校長」さんだよと。あるいは「心と体」と言ってもいいと思いますが。一昨年、私は日本医師会の最高優功賞をもらいましたが、最近、学校医の先生にずいぶん講演に呼ばれます。そこで、学校長、養護教諭、学校医の三者が三位一体になって、子どもの心の問題をケアしていくのがよい、あるいは校医さんが、校長の言いにくいところをいうことを実現していくというような話をします。NHKの『日曜討論』という番組の中で、私が与謝野さんに言ったのは、カウンセラーの配置もいいけれど養護教諭を二人制にしたらいいということです。二人制の指定校を増やす方が、カウンセラーを増やすよりずっといいと思います。私は教師をやっていてつくづく思ったのですが、その学校に住みついていない者の言うことは、学校の教師たちにあまり大きな影響を与えませんよ。カウンセラーの方も、学校病理はわかっても、学校に非常に言いにくいとおっしゃっていますね。当然ですよね。現に、保健室が子どもたちの心のいわば駆け込み寺になっています。さらに、教師の心の病気が急増している。だから、養護教諭は生徒だけではなく、同僚や校長まで含めたその学校全体の心身の管理をする、そういう位置づけをきっちりしないとだめだと思います。心の時代と言いながらも、その辺が非常に曖昧です。私が精神科の医者になったときに、教授から最初に言われたことは「精神科の医者だからこそ、まず体からみよ」ということでした。養護教諭は体に触ったり熱を測ったりできますよね。カウンセラーをけっして否定するわけではないけれども、養護教諭を充実させることの方が大切だと思いますね。

森　先生はわりあい冷たいですよね、カウンセラーに対しては。

土屋　けっしてそうではない。そう見えるのは二つ理由があります。基本的に去年、カウンセラーバッシングがあった。一つが神戸の問題で、一つが金属バットです。金属バットの事件では、暴力を肯定して、子どもの前にひざまづけとカウンセラーが言ったというので、とくに週刊誌でたたかれました。私がそのとき言ったのは、カウンセリングというのは、たかだか戦後の、非常に歴史の浅い人間学だから、少々の問題があってもやむを得ないということです。河合さんだってはっきり言っています。「カウンセリングが導入されてきたときは、世の中も会社も学校もばら色になると思った。だけどそうならなかった」と。大学以外の学校カウンセリングは、行き詰まっているのではないかという気がします。

森　過度の期待を持たせすぎている面があるのだと思いますよ。

土屋　ええ。かつては教師に対して、非常に聖職的な考え方があった。今はカウンセラーに脚光を浴びせたが、去年はそれが少しぐらついたかなと、思います。

森　私自身は、養護教諭とか教師がカウンセリングを勉強することは大切だと思っています。カウンセラーをするという意味じゃなくて、自分自身が豊かな人間になるのではないかと思いますね。同時に、相手をよく理解できるような人間にもなっていくという意味で、カウンセリングマインドとかカウンセリングを勉強するのが大切だという気もします。

土屋　それはそのとおりですが、「聴く」というなかにはカウンセリングの驕りがあるようです。国分康孝さんも言っていますが、カウンセラーは自己開示をしろと。非常に冷たい形、要するに「聴く」という形をとっていたら、相手は心を開かない。そのとおりだと思います。それから、ユング派とか〇〇派とかしかやってないカウンセラーというのは、だめだと思います。私らはヘボだけれども内科もやる。内科をやってハッと気がつくことがいっぱいあるわけですよ。たとえば、子どもの体はガタガタですよ。体と心の両方のバランスをきちっととりながらみていける人が誰なのか。カウンセラーがプロフェッショナルとしてそこに加わっていくということは、大賛成です。ただ、これには当然限度がある。例の山形の中学の事件が出てきたときに、山形県教育委員会はカウンセラーの設置をいち早く打ち出して、それを内閣が取り上げた。村山内閣のときでしたが、あれはアドバルーンだったと思います。だってカウンセリングというのは、どれだけしんどい仕事か、あの人たちは知らないわけでしょう。国分さんも言っているように、命をかけてやらなきゃいけないところがあるわけですよ。それを知っていて、増員すると言っているかというと、そんなことはない。だから、いじめも減らないし、不登校もどんどん増えていく、そういう状況が今でも改善されていない。これはカウンセラーの責任じゃなくて、われわれのような、心の問題に関わる人間の不十分さなのだろうと思います。反省の時期だと思います。

森　こんなことを言ってはまずいけれども、文部行政というのはそういうところがありますね。批判がでると、アドバルーンを上げて一応は鎮圧する。エイズが騒がれると、エイズ教育を充実しますという。いじめになれば、その時々の対策をぽんと立てて、何とか姿勢を示して終えてしまうというところがあると思います。土屋先生は養護教諭が「心の校長」と言うでしょう。教育学のなかでもそう言った人がいます。上田薫という教育学者です。その人は昔から「養護教諭というのは『体の校長』だ」と言っています。養護教諭が子どもの健康に対して責任を持つなら、校長的権限を持たせなければだめだと、言っています。

土屋　養護教諭の先生方にお願いしたいのは、本当に自分が校長になったつもりでやってくださいということです。私もそうですが、最後は孤独ですよ。自分で責任をとらなきゃいけませんから。そのくらいの気概を持ってこれからやっていただきたい。保健室しか頼れない子どももいっぱいいる。だから、ぜひがんばってほしいと思います。文部行政も、前からあったものを充実させずして、何で新しいものがいきてくるかということですよ。

森　心の教育って、文部科学大臣が神戸の事件後すぐに中教審に諮問したわけですね。土屋先生は「心の教育」と聞いて、どういうことを考えますか。

土屋　私だったらデス・エデュケーションです。神戸の震災のときに、淀川キリスト教病院から大阪大学の教授になった柏木先生を中心に、デス・エデュケーションをやろうということがありました。いじめでもそうですが、人間が死ぬということが、どういう意味を持つのか子どもに本当に知らせる教育を誰がやるのか。「心の教育」と聞いて考えるのは、私のところに毎年くる14～15人の自殺未遂の子どもたちですよ。彼らのことを考えてみれば、心の教育とはどういうことなのか、いかに子どもたちが生き生きと生きようとしていないか、命を粗末にしているかがわかると思います。もう一つは、やはり超高齢化社会の問題ですよ。この時代のなかで心の教育を本当にやっていくことは、実はお年寄りたちをどういう目で見るかという教育を家庭でしていくということです。家庭がやむを得ず老人ホームなどに預けるという現実のなかで、たとえば、がんで痛い痛いといって死んでいく状態。そういうのをほとんど見ずにいまの子どもは育っているから、死がきれいごとになっている。死ぬというのがどういうことなのかということを子どもに教えないといけないと思います。

森　だけど、そうした言葉は全然出てこないんですよ。中教審にしろ教育課程審にしろ、子どもの問題が出てきてから、「心の教育」と言うけれども、「死の教育」をやらないとだめだという主張は出ていない。先生から言わせれば、それはものすごく遅れているのでしょうね。

土屋　ええ。人間って、自分が死のうと思えば死ねるし、人を殺そうと思えば殺せる、という非常に恐ろしい動物だということを再認識しないといけないと思いますね。それに、私はいろいろな答申が早くまとまらないほうがいいと思います。脳死の問題にしても全然まとまらないでしょう。そういう状態がしばらく続いてもいいと思います。こぎれいにまとめようとするから、一回一回なんとなくまとまって、さあ一丁上がりという形になっちゃうと思いますね。きのうも頭を悩ましてきましたが、イライラするといって売薬を一ビンずつ毎日飲んでいる子がいまして、そういう人たちにどういう教育をしたらいいかと、本当に目がくらむ思いがします。ましてや、家庭のなかで死を見たことのない小さな子に対して、こうやればいいという一つのマニュアルみたいなものが簡単に出てこないほうがいいと思います。それよりも、いじめ問題で若干実践されたみたいに、こういう学校ではこういう実践をやったという事実、それによってどう子どもが変わってきたかという事実を見せたほうがいい。たとえば杉並の中学校で『私のいじめられ日記』と大河内君の遺書を使って三〇時間かけて教育しまして、杉並区の教育委員会ですごく評価されましたが、そういう実践が全然伝わってこないわけです。いろんなやり方があっていいだろうということが全然見えてこない。ナイフの問題でも同じですよ。所持品検査をしろと言われても、実際困っている先生はいっぱいいると思います。それに対して、こうやったらうまくいったというのをまず現場から積み上げていかないとダメだと思います。

森　心の教育を学校レベルで考えていく場合に、一つは一次予防、つまり心の増進、心の健康づくりの方向性が必要だと思います。そして二次予防的には、ちょっと挫折している、不適応を起こしている集団を早期に見つけて、適切な処置をとる、そういうレベルの仕事が学校にも課せられているだろうと思います。心の教育では、一次予防的なところのかなりのウエイトがいくだろうと思いますが。

土屋　そうです。心の問題でも、われわれの分野とかカウンセラー、あるいは養護教諭でスクラムが組めてさえいれば、分裂病にしても、早期に治療すれば治る時代なんですよ。だから病気になる前に、まず、そうさせないような家庭ですね。心と体のしつけをまず家庭のなかで徹底してやっていく必要がある。

森　保健教育では、精神の健康という領域が出てきたり出てこなかったりという歴史的な変遷があるんです。昭和三十年ごろの学習指導要領では、精神の衛生で教えることは、心の病気ですよ。神経症や分裂病があるという分類とその症状を教えていました。しばらくすると、適応の問題が多くなってきた。適応の種類を重点的に教える時代がありましたね。最近では、自己実現にウエイトが置かれるようになってきています。私は「自己実現」も大切だけれども、森田療法の「生の欲望」を教えたほうがわかりやすいし、理にかなっているのではないかと思います。外国的な「自己実現」という用語より、「生の欲望」というほうが理解させやすいし。

土屋　私は精神科の医者になる前に農学部にいたでしょう。人間の問題というとすごく複雑に感じますが、これが樹木の成長とか、自然の輪廻の問題となると結構わかるわけですね。自分の生活リズムのなかでいろいろと経験しているわけですから。樹木というのは、根をみれば健康か不健康かがわかるそうです。台風がくると、最近植林した樹木は、全部根こそぎいかれてしまう。根をみると浅くしか張っていないそうです。ところが木曽の美林なんかは三百年たっているわけですから、根の張り方が実にきれいで深いというんですよ。人間の場合、若干違うとしても、自然の一部であることに変わりはないですよね。だから、生物とか体育の先生が持っている理論を使って、子どもの成長や心の問題に適用できる話がいっぱいあると思います。神戸の事件が象徴的でしたが、外国のＤＳＭ－Ⅳを持ち出して行為障害なんて、われわれでもみたことがないような言葉を出して一丁上がりというよりも、日本人の作ったメカニズムを考えてくほうが、ずいぶんわかりがいいと思うんです。

森　「心の教育」って出てきちゃったから、ちょっと力みすぎのところがあると思います。

土屋　そう思います。

森　テレビを見ていたら中教審の「心の教育」の中間答申が出て、結構不評だって解説していました。当たり前のことを言うと言ってましたが、あれが真実だろうと思います。

土屋　そうです。当たり前のことを言わなきゃダメになってきたのです。今、当たり前じゃない状態なのだから、当たり前のことをもういっぺん見直そうと。これは医学でも同じです。毎日の生活習慣を見直してみようと。車より歩くほうがいいことは誰でも知っています。それをどれだけ守っているかといったら、守ってない。だから当たり前のことを繰り返し根気強くやるというのは大事です。

森　そうなんですよ。まさに当たり前の生活をもういっぺんやれということなんですから。

土屋　そうですよ。そう言わざるを得ないほど、いまは惨憺たる結果になっていると。

森　そうすると、やはり養護教諭がキーポイントだという感じがしますね。それも先生のお考えですと、心の健康問題を解決する先生と看護婦とは言わないまでも体のケアをやれる先生とが必要だという感じでしょうか。

土屋　そうですね。心身というぐらいに、心と身体は分かちがたく結びついているわけですから、両方を絶えず意識しておかないといけない。森先生がおっしゃったように、心だけが目新しいことのように取り上げられてしまう。要するに新しものがりというかな、そんなのは全然意味がないと思います。答申は答申でいい。でも、それを一つの骨子として具体的にはどうやるのかという例を文部科学省は出したことはないでしょう。いじめの問題にしても、ここ二、三年随分本が出ています。でも、それが教育の現場には一向に伝わってこない。

森　ちょっと話がそれますが、何の先生でもそうですが、初心者の一番悪いのは、参考書を一生懸命読んでそれを子どもたちに教える。それには教師体験は何も入りません。優れた教師になってくると、自分のものの学び方や感動を伝えるようになっていく。カウンセリングでも、本を読んで、それをそのまま言っているときには訴える力はないし、子どもだって聞いてもおもしろくないいんだろうと思います。河合隼雄さんが、初潮指導について文句を書いているものがあります。小学校で女性の先生が初潮指導をするときに、性の生理の話をして終わる。子どもたちには初潮を迎えるという不安や怖さがあるのに、自分は初潮の体験があたかもなかったかのような顔をしながら、しらじらしく話すのが、小学校の女子教員だと書いていました。何で、自分が迎えるときはどういうふうで、こういうふうに乗り越えたとか、不安だったけれどもそうでもなかったよとかいう、自己を語らないのか、と。

土屋　だから生理教育はやっていても、性教育はやっていないのでしょう。

森　性教育じゃないでしょうね。

土屋　心が伴った性教育じゃない、その先生が自己を開示して、自分の初潮のときはこうだったよ、と話すほうが、解説書の伝達よりもよっぽどいいわけだ。だから、われわれでも自分の神経症体験を話します。いろいろな話をすると、「ああ、あの先生もそういうことがあったのか」と信用してもらえたりするわけですよ。家庭教育でもそうだと思います。去年の春まで東大の小児科の教授をしていた友人が言っていました。お母さんがやたらに育児の本を読んでいてその本に合っていないと不安でたまらないというそうです。ところが、詳しいことは知っていても、ごく当たり前のことを知らない。私のところに来る子どもの親にも、「自分たちが読んでいる心理学とか精神医学とかそういう本はいっぺん頭の中からのけなさい。アンタの家庭のことについて話してみて」と言います。そうして「生」の家庭病理、個人病理がわかってくるということですね。分裂病でも一人ひとり違いますからね。教科書に書いてあるとおりのことなんて全然ありませんから。ただ、一般的な知識として知っていなきゃいかんということです。クライアントを前に、感動することはいっぱいあります。私はそれが医学であり、いわゆる人間だと思います。

森　心の教育と言っているけれど、何を教えるのか考えるよりは、教師集団、あるいは教師と父母、あるいは違った地域の専門家でもいいから、大人のなかでの話し合いの機会をつくるのが一番手っとり早いし、大切だと思うのです。みんなで考える場を広げていけば、結構いい知恵が生まれてくると思います。

土屋　職員会議も忙しくなりすぎて、腹を割って話すというような機会がほとんどないようです。ＰＴＡも同じです。日常的な交流がありませんね。子どももゆとりを持たなきゃいけないけれど、大人もゆとりが持てていない。

森　先生方が忙しい忙しいというのは、わかるようでわからないところがありますね。

土屋　先生ってまじめだから、なんでもかんでもやりすぎて…。ここだけは逃したら絶対ダメというポイントがなかなかわかりにくい。いじめのサインについては、私もさんざん考えましたが、結局これという決め手はありません。ただ、一つ言えるとすれば、「いつもと違う」ということ。要するにいつものA君と違うということは何かあるんだ。何だかわからないけれども。

森　一〇年以上前の校内暴力が多かった頃、おもしろいなと思ったのは、教師が弱くなってきている理由を二つ挙げているものでした。一つは宿日直廃止がいけない、もう一つは教師の車の通勤がダメだと。昔は、宿日直というのを学校の教師がやっていて先輩の先生が宿直の日に当たると、必ず若い教師が雑談に行く。「ちょっと先輩、一緒に飲みましょう」とか、先輩のほうが若いのを誘って「オレ今日宿直だからちょっと来いよ」と。そういう場でいろいろな教育の、いわゆる知恵みたいなものを授けていた。それがなくなってしまった。それに、みんな車を使ってくると帰りに酒を飲めない。昔は帰りにヤキトリ屋に行って、先輩が知恵を授けるとか、若い教師がいろいろ訴えるとか、そういうコミュニケーションがあった。それがあると、ひとりの先生が校内暴力で矢面に立つとみんなが味方する、団結力もあった。今の学校はそういう機会がまったくない。教師間のコミュニケーションがまったくないから、チームワークもない。生活とか指導の知恵みたいなものを伝達・継承していくような場も機会もなくなってしまった。だから私は、教師が忙しい忙しいと言っている間に、結構むだなことをやっているのではないかなと思います。昔だったら、そんなのはそんなに力を入れなくたって、こうすれば解決するという情報交換ができた。それが一人ひとりまじめに対応していかないとダメだから、ものすごく不安で忙しくなってしまう。

土屋　車のことはまさに校長が言ってますよ。車になってから飲みに行く機会が全然なくなって、忘年会ぐらいだと。そうすると、学校で公式的な討論をするだけでしょう。私が教師をやっているときは、本音は忘年会の日に出てきますよ。その忘年会が月にいっぺんあったりして(笑)。たしかに、われわれの時代は先輩の教師にいろいろなことを聞きました。このごろは、そういう交流が全然ないと言っていました。

森　先生は精神科医だけれど内科、つまり体一般も守備範囲にないとだめですよね。でも、最終的には精神科医という柱が立つわけです。だから養護教諭にしても何か一つパッとしたものを持っていないと難しいところがあるのではないでしょうか。文部科学省は、保健の授業もやるとか、いろいろと入れてきます。自分の学校の事情をく見極めて、その中でできることをしなさいと言っていますが、そんなことはできるわけがない。学習指導要領だって、地域のとくに学校の実情に応じて指導しなさいということは書いてあります。でも、実情に合わせて教育をやっているところなんて、ほとんどないですよね。

土屋　ないですね。

森　いろいろなことが期待されて、要求されてるけれど、まだ全然整理されていない段階で、養護教諭の先生は、どれをやったらいいかという状況にあるのでしょう。

土屋　ただ、現場にいればいくらでも出てきますからね。たとえば、ある地域では一つの中学校に、平均して二十人ぐらい不登校がいるといいますから。養護教諭は大変でしょう。

森　いま養護教諭にかけられている期待というものがもともとあったものではなく、何かを契機にして託された感じが多い。いじめという事態が出てきて、これをどうにかしなければとなったときに、養護教諭をどうにかしようということになって、保健主事制度の見直しがなされました。保健の授業で、麻薬やエイズの問題、あるいはO157などを取り上げるとき、今の保健のスタッフでは弱いからと、養護教諭にふられてくる。養護教諭の本来やるべき仕事を拡大するという発想から生まれてきている施策じゃなくて、あちこちからふられてくる仕事を、雪だるま式にぽんぽんくっつけているようなものですよ。

土屋　悪い表現だけれども、はきだめ的にふっちゃえばいいという形になるんでしょう。

森　先生が白揚社から出した「受験必勝生活マニュアル」を読んで、いいと思ったのは、医師は子どもが今どういう状況にあるかに応じて治療すべきだし、クライアントもそれを訴えなさいというところですね。三週間後に入試があるというならば、それに対応した治療をやるのがまさに医師であると。でも、その子どもがどういう状況にあるから打つ手を変えるということまで気づかないし、またそれだけの戦術を持ってないのが多いと思います。

土屋 子どもの背後にあるものをみる。これは難しいですね。だから、「受験必勝生活マニュアル」にも書きましたけれども、ひとりの子どもを漠然とでも理解するのに一年かかると。それでもハッと思うようなことを見逃していることもあるし、子どもの一言でわかることもある。だから、心をみるって簡単に言いますが、心の問題というのは、その子どもなり親なりが言語表現しない限りは、みえないわけでしょう。それをじっと聴いていてあっと思うようなところをカツッとつかまえるのはなかなか難しいですね。

森 そうなんですよ。学校にいる養護教諭は、その背後までも読み取れるだけの力量があるのが一番望ましいと思います。その子の全体像がある程度みえて、そのバックグラウンドまでみえないと本当にいい主治医になれないのと同じで、いい養護教諭になれないと思うんです。それを考えると、養護教諭は忙しくて手を広げられない。だんだん小規模校になってきていますから四百人とか六百人ぐらいだったら、昔の町医者みたいな感覚で、あそこの家庭はどうだとか、あの子はどうだというのを一応知っているぐらいの力を持つべきだし、持てるだけの時間的余裕が保障されないと、いい仕事ができないと思います。

土屋　養護教諭はこういう問題だったら、大体どの精神科医のところに相談に行けばわかる、ということも押さえておくといい。いま提案をしていることですが、校医も、精神科医を含めて二人にする。精神科の医者のところってかかりにくいんですよね。でも精神科医の校医だったらそういうことはないし、たとえば十校に一人ぐらいでもやれればいいなと思っているのですが。そうすると、そこの学校に問題が起こったときに、養護教諭の先生に十分話を聞いて、互いに連携しながらやれる。あるいは校医が二人制になって、われわれ精神科医と連携できるとか。私はそう提言しています。そういうことができてくるとだいぶ違うと思いますね。

森　時間もまいりましたので、この辺で終わらせていただきます。どうもありがとうございました。

（「学校保健のひろば」一九九八年春号）

この対談には、森先生の筑波大学元副学長としての経験と、さらに長年の各大学での教員養成のご経験と、私の診療実践との「つきあわせ」が現われており、いちいち説明の必要もないだろう。

おわりに

この書は文部科学省が対策として「心の教育」としつけを模索しはじめ、同省、熊本県、熊本市など共催の平成十年度全国健康教育研究協議会「心の健康のために、急遽「心の教育」というタイトルの研修会に、私が提言者として招かれたのを機会に診療、原稿、講演のあい間をみて書き留めたものである。

この書では、学校よりも家庭に力点を置くといっても、日本のような高学歴社会で子どもの問題を学校と家庭に峻別すること自体に無理があるが、心して家庭に力点を置くことにして書き進め、家庭の大人の「姿勢の崩れ（無責任さ）」にも言及したつもりである。しかし、予想していたことであるが、いざ書き出してみると、家庭は本来的に「密室」であり、我々、精神科医でも、まだまだ不可解な部分も多いことになやまされた。また、「いじめ」「不登校」など単一の問題と違い「心の教育」・しつけというテーマは漠然としていて記述にきわめて難航した。難航した原因は他にもあり、私がものを書いたり、講演で語ったりする時にいつも医師、ことに精神科医の守秘義務が私の前に立ちはだかる。現実に、このルームで語られる内容をそのまま読者の前に提示することができたら、その深刻さはいっぺんに理解してもらえるのにと、いつも痛感する。この守秘義務も原稿を書く場合の難航の原因である。

一方、このカウンセリングルームで、日々、親子から聴く悩みは「現代日本の教育問題」の縮図である。いや、「現代日本の教育問題の縮図だ」というより、「現代日本の縮図だ」と言うほうが正しい。以前はともかく、今は偏差値の高い大学に在席し、人格も整い、目指す職業も決まっている大学生が「これから国家試験の勉強で忙しくなると思うとうんざりする。毎日、なにか楽しいことがないかと捜すが見つからない。友人との付き合いも削り、日々の生活に感激がない。このままなるべく早く一生を終えたほうがいいような気がする。夜、寝る時、このまま翌日目覚めなかったらいいのにと思う…」などと訴えられると、今、この国の地盤はグザグザに緩んでおり、日本人の「心の教育」の必要性は文部科学省が目指すより、もっともっと深いところにあるのだと思わずにはいられない。

さて、私の主宰するこのカウンセリングルームや各種講演会、各種メディアの取材を通じてみていると、この国は今、人と人との関係が薄れ、物の氾濫に溺れた「老いた愚かな大国になっていきつつある」ことを憂えずにはいられない。はっきり未来予想できるのは、超高齢化・少子化社会の到来だけである。この現象によって、たとえば、不登校者が上級学校へ進学を望む場合、少子化によって近い将来、上級学校へ進学を希望する子どもの数より受け入れ枠のほうが多くなり、上級学校への進学が容易になることが確実であり、高校、大学などの側でも、進学者を確保するために大幅な改革をせまられるというこの国ではいまだ経験したことのない、超高齢化・少子化の到来という二つの困難な現象を乗り越える努力の中に、この国の再生が望めそうだという展望は楽観的過ぎるように思えてならない。この二つの困難を乗り越えるためには、国の支え手となる子どもたちの「心の教育」こそが欠かせない武器になるはずである。

しかし、現状は今、とくに世間で活躍しているはずの大人までを含めて人格形成が抜け落ちた教育が問い直されている。子ども社会に繰り返し起きる事件の激増をみれば、家庭の、学校の、地域の有り様のすべてが今のままでいいはずがないことだけははっきりしている。また、ひとつの方法や理論が万能ではないこともはっきりしている。日本では都会も農村も安全な場所はなくなった。「これでいい」と確信できる家庭、学校、地域もない。学校問題も人間科学である以上、その知見は刻々と変わらざるを得ない。

今、この国では教育だけでなく、あらゆる問題解決の「見通し」が立ちにくく、少子化と超高齢化のみが目前に迫っている。こんな時代だからこそ、教育の新しい柱が必要なのだと思う。これからは、少子化と超高齢化社会の到来に向けた教育こそが必要だ。

「人間が老いるということは、どんなことなのか」を教え、本当の意味での優しさを育てる教育が、これから求められる。数の上で老人の激増に反比例して、若い人が著しく不足していくことが明らかだが、今の教育の中で、「いじめだ」なんだと問題になっている子どもたちが、将来、老人に手を差し伸べるやさしい心を持つことができるのか、これは大きな問題であり、そのための「心の教育」である。私も今、京都市の委嘱で老人介護の審議会のメンバーとして、また個人の資格で老人ホームに行って介護者と話し、老人を診ているが（六年ほど前まで私は痴呆老人病棟と外来に六年半ほど勤務していた）そんな診療実践を復活してみると、高い学歴ではなく、老人に手を差し伸べるやさしい心を持つ教育を早急に開始することが不可欠だと強く感じる。そういう日本の将来に目を向け、目的意識をもった教育ができれば、教師も生き生きとしてくるのではないだろうか。この問題を教育においてどう考えるかという点で、二十一世紀の展望を少子化問題をかかえた文部科学省と超高齢化問題をかかえた厚生労働省が中心になって「すり合わせて」いくことが急務である。今手を打たねば、間に合わなくなる。求められているのは、自立を求める教育は当然として、それに加え、心身障害者・老人など社会の弱者を守る教育である。

「心の教育」にきちんと取り組むことが、現在の教育の再生と、将来に向けた教育の第一歩になると思う。「心の教育」は、まだスタートについておらず、家庭、学校、地域それぞれの展望をもった日々の取り組みにその成否がかかっていることを、改めて強調したい。その根底をなすことは、家庭、学校、地域それぞれがこの国の現状に対して危機意識をもつことと、「まず己れから、まず自分の家庭から、自分の所属する学校から地域から」だと思う。

文部科学省の提案をスローガン倒れにしないようにする第一歩は、相応しい権威と財源を持っていない「弱い」省からの脱却、すなわち「文部科学大臣を時の権力の都合や派閥の都合できめることを廃止し、「なんらかの超党派の推薦機関」を作り、文部科学大臣だけはこの機関の推薦を基にして民間人から登用し、内閣改造に際しても、改造とともに辞任せず、留任とし、健康が許せば五年は変えず、さらに留任することができるとすること」「そうして推薦機関が文部科学大臣を推薦する際の基準としては、教育の現状を知らない名誉職的な人は避け、教育者とは限らず、現役で十分な社会的な仕事についていて、見識があり、何らかの意味で子どもや若者の現状を知っている『現役人』とすること」を実現することである。

私の「まず己れから」の実践としては、診療、老人介護の審議会老人ホームでの実践、単発原稿の依頼、講演とともにこの原稿を最重点に位置づけ、書き続けたし、要請があれば、書き足していきたい。今年から老人介護の審議委員を委嘱され、審議に参加するようになった私にとって、老人と子どもをこの国がどう扱うのかが、ますます見えてこないのはなぜであろうか。弱者（老人と子ども）を支える「心の教育」としつけを必ず実現するために、さらなる出版が実現することを心から期待してやまない。最後になったが、森昭三先生を縁にお近付きになった山川雅弘氏のご努力がなかったら、この書は世に出なかった。山川氏にこの書を捧げる。

著者

●著者紹介

土屋 守（つちや まもる）

埼玉県立浦和高校時代，神経症が原因で同校を中途退学し，同校通信教育部（現浦和通信制高校）に入学する。同校を卒業後，京都大学農学部，国際基督教大学大学院教育学研究科を経て，京都府立朱雀高等学校の教員に。その後，鳥取大学医学部に学ぶ。

現在，宇治黄檗病院，痴呆老人病棟および外来に，週3回勤務し，痴呆老人を治療すると同時に，土屋医院院長として，おもに精神疾患（神経症，心身症，うつ状態，うつ病，境界例）などの診療実践の一方，「京都心身・学習総合カウンセリングルーム」主宰者として，学校・学習不適応（たとえば不登校，高校中退，大学生の不調和など）の治療やカウンセリング，あるいは研究に従事している。また，京都市老人介護認定審査委員に委嘱され，介護とともに，個人の資格で2つの老人ホームに勤務し，老人介護員の指導もしている。

1994年には，京都新聞「社会賞」を受賞し，1995年には，いじめの精神的治療に貢献があったとして，日本医師会「最高優功賞」を受賞する。

〈おもな著書〉

『私のいじめられ日記』（共著）青弓社，1993年

『500人のいじめられ日記』青弓社，1994年

『いじめないで！わたしたちのいじめられ体験』青弓社，1994年

『子供たちを元気にしたい一医者がみた記者がみた不登校』（共著）白揚社，1993年

『受験を勝ちぬく生き方・考え方』（共著）白揚社，1989年

『受験必勝生活マニュアル』白揚社，1998年

『子供たちを元気にしよう！』白揚社，1999年

『ジャンプいじめリポート』監修，集英社，1995年

『元気やでっ』ジャンプコミックス（共著）集英社，1996年

このほか，京都新聞文化部に「不登校を考える」，日本経済新聞に「いじめと闘う」，共同通信配信で各地方新聞に「カウンセリングルームから」を執筆連載。さらに，NHKをはじめ，テレビや新聞などのマスメディアに登場すること多数。

荒れる子どもの心 ―しつけ・教育への提言―

初版発行―――2001年6月10日

著者――――土屋 守
発行者―――鈴木一行
発行所―――株式会社大修館書店
〒101-8466 東京都千代田区神田錦町3-24
電話03-3295-6231(販売部) 03-3294-2359(編集部)
振替00190-7-40504
[出版情報] http://www.taishukan.co.jp

装丁者―――平 昌司
印刷所―――広研印刷
製本所―――関山製本

ISBN4-469-26476-8 Printed in Japan